近现代图书编辑的责任研究

李慧娟◎著

延边大学出版社

图书在版编目(CIP)数据

近现代图书编辑的责任研究 / 李慧娟著 . -- 延吉 :
延边大学出版社, 2019.5
ISBN 978-7-5688-6962-1

Ⅰ. ①近… Ⅱ. ①李… Ⅲ. ①编辑工作－研究－中国
－近现代 Ⅳ. ①G232

中国版本图书馆 CIP 数据核字(2019)第 104466 号

近现代图书编辑的责任研究

著　　者：李慧娟
责任编辑：张　辉
封面设计：孟　微
出版发行：延边大学出版社
社　　址：吉林省延吉市公园路977号　　邮　　编：133002
网　　址：http://www.ydcbs.com　　E-mail：ydcbs@ydcbs.com
电　　话：0433-2732435　　传　　真：0433-2732434
制　　作：山东延大兴业文化传媒有限责任公司
印　　刷：天津雅泽印刷有限公司
开　　本：880×1230　1/32
印　　张：6.5
字　　数：152千字
版　　次：2019年5月第1版
印　　次：2019年5月第1次印刷
书　　号：ISBN 978-7-5688-6962-1

定价：46.00元

目 录

第一章　近现代图书出版社的时代背景

第一节　近现代图书出版社的文化环境

市场经济，是近现代图书出版社文化生态改变的“发动机”。20世纪90年代以来，市场经济的确立，是中国社会最根本和最重大的变化。市场经济的转型促使大众文化逐渐取代精英文化和主流文化，成为主要的社会文化形态。大众文化在市场经济的催化下，消费性倾向日益明显。生活环境的改变，同时也催生出快餐化、碎片化的浅阅读，使得阅读的娱乐性倾向更加明显。在大众文化和消费主义的渗透下，部分出版社追求消费性和享乐主义的现象明显。此外，科学技术的进步和传播媒介的改变，也挤压着读者的阅读空间，使图书出版的媒介功能逐渐弱化。这些都构成了近现代图书出版社的文化生态环境。

在消费主义的文化生态中，快餐化、碎片化的浅阅读，阅读的娱乐性、功利性是近现代图书出版面临的重要问题。消费主义是在以美国为首的西方发达国家最先兴起的，从以生产为主导的社会转变为以消费为主导，是后工业的大众消费时代。消费文化作为消费主义的产物，是西方发达国家普遍存在的,区别于以往的价值观念和生活方式,它把消费作为生存的意义,一味追求消费带来的满足感,强调消费至上。由于受到消费主义的影响,我国的社会文化在这一时期发生了变化:大众化的娱乐文化逐渐取代精英文化开始盛行,理想文化向消费文化转变。一直到目前为止,大众文化以不可阻挡的趋势迅猛发展,成为社会主导文化。在中国消费主义文化的背景下,近现代图书出版社作为文化产业的一部分,也不可避免地呈现出消费主义文化的特点。报纸、广播、电视等大众媒介娱乐时尚倾向明显,作为大众媒介组成部分的出版业,“浅阅读”文本出版趋势加强。很多青少年读者把明星当作自己崇拜的偶像,以致与明星有关的图书风行,阅读逐渐“娱乐化”“时尚化”。同时,世俗化的观念开始影响近现代图书出版社,一部分出版人和艺术家不再孜孜不倦地追求图书深度的文化价值和历史意义,不再像以往一样强烈地追求社会责任感,只是寻求能够满足当下享乐的内容和形式,以便于取得更大的经济效益。

科技的进步带给近现代图书出版业巨大的推动力,使出版业进入光与电的时代。科学技术首先从出版介质、出版工艺、流通方式等出版技术改变着近现代图书出版社。出版介质从纸张到唱片、磁带、光盘再到现在的互联网、手机;出版工艺从活字印刷、铅字印刷再到激光照排、磁盘记录、光盘记录直到现在的网络出版、数码印刷;流通方式由出版社、图书交易会到电子商务、数码印刷连锁再到现在的网上阅读、手机下载。由此可见,科学技术的渗入,正一步步改变着近现代图书出版社的“模样”。

目前,在“互联网+”时代下,大众媒介尤其是电子媒介和新媒介大规模收集和复制信息以传递给社会大众的特点比传统的印刷媒介更具优势,这种优势更加深刻地影响和改变着受众群体。

另外,市场经济的确立也成为近现代图书出版业发展改革的“推进器”。从计划经济体制下走出来进入市场经济体制的近现代图书出版业可谓是脱胎换骨,市场经济如活水一般,给近现代图书出版业注入活力,使近现代图书出版社迎来了繁荣发展的春天。市场经济的确立让竞争无处不在,为了生存发展,出版社不得不进行选题策划,不得不为了图书的销量精心策划一系列的营销活动,竞争让近现代图书出版业“活力四射”。市场经济下的近现代图书出版社,因为有着较多的读者而成为市场参与程度很高的“大蛋糕”,每个出版社都为分得一块“蛋糕”而使尽浑身解数,在面对某一选题时,很多非专业出版社和民营公司也纷纷加入竞争的行列,竞争也在推动着近现代图书出版产业不断向前发展。

从另一个方面来看,作为市场经济主体的图书出版业在受到市场经济推动的同时也承受着市场经济带来的某些负面影响。市场经济下,由于市场机制的作用,经济主体多元化和经济决策分散化是其重要特征,它可以形成市场活力的源头,但也可能导致严重资源浪费。市场经济的这种负面效应也深刻地印证在了近现代图书出版业的身上。2001年,日本的小林一博在《出版大崩溃》一书中提到了“泡沫出版”这一现象,台湾地区出版人陈介人在《彻底改变泡沫出版生态》中也阐述了要如何改变“泡沫出版”的问题。“泡沫出版”出现的主要原因就是盲目跟风和模仿,而盲目跟风和模仿的最主要原因是受到市场经济负效应的影响，也就是近现代图书出版社受到经济利益的驱使、经济决策的分散化。盲目跟风像毒瘤一样长在近现代图书出版业的身上，导致图书品种的同质化现象严重、图书库存积压严重等问题。

纵观近几年的《新闻出版产业分析报告》不难看出，出版业在正视自身问题的同时，也正在认真贯彻落实中央要求，把社会效益放在首位，努力实现社会效益与经济效益相统一，坚持稳中求进的工作总基调，按照高质量发展的要求，不断推进供给侧结构性改革，深入推动优化升级和融合发展，持续保障优质出版产品供给，行业发展出现诸多的好消息。无论是出版产业规模、效益方面，还是图书出版结构方面，都能看到可喜的局面。2017年，全国新版图书品种与印数首次双双下降；重印图书品种与印数保持了较快增长，在品种上首次超过新版图书。这表明控制品种数量、优化图书结构取得一定实效。

党的十九大报告将文化的地位和作用提升到了一个新的高度，为发展中国特色社会主义文化指明了方向、提供了保障。随着中华民族迎来从站起来、富起来到强起来的伟大飞跃，社会主义文化建设也要提升飞跃；随着中国特色社会主义新的时代的主要矛盾转化为人民日益增长的美好生活需要与不平衡、不充分发展的矛盾，文化要承担起的责任和使命越来越大。而作为文化传播媒介之一的出版产业必将也要承担起更大的责任和使命。

第二节 近现代图书出版社的文化思想

当今社会是一个高速发展的社会，随着社会的飞速发展，人们的生活节奏日益加快，竞争也越来越激烈。而这种大的社会环境也不可避免地影响到了近现代图书出版行业。社会和科技的高速发展，使人们获取信息的渠道逐渐增多，获取信息的速度越来越快，为了满足人们迅速获取信息的需求以及为了在各种信息渠道的竞争中获得一席之地，图书出版原来的节奏完全被打乱了。“过去一本普通的图书（本书所指的是以三十万字计算的普通图书，不包含字典、史著类图书）从进入出版流程开始，一般都是以半年为期。可这样的出版周期在今天已经不复存在，三个月、两个月的出版周期已经十分普遍，就是一个月甚至半个月、十来天出书的例子也已不为少见。”[①] 甚至出现了不少急稿的现象：书稿自进入出版流程开始，便要改变图书出版的规律，缩短图书出版的周期，在较短时间完成出版工作。出版社出版流程的一般情况是，作者定稿后，交到出版社编辑手中，由编辑对稿件进行第一道基本把关，编辑认为符合出版要求和出版规划的，进入一审，一审对稿件进行文字和内容上的编辑加工，这是一个对稿件进行全面细致审查的程序，相对地，需要的时间较多；然后进入二审、三审；三审结束后还有三个校次的校对、一个校次的审读工作，以及核对、整理等工作，这也是需要较多时间的，之后才可

①班运华.浅议当代图书出版中的"急稿"现象——以法律类图书出版为视角[J].法制与社会,2013(18):180+182.

以送印制，进行印刷，最后装订成册。随着电脑的运用及印刷科技的进步，现在进行的一般图书（不含图片等纯文字的25万字的书）出版整个流程大约在3个月。

我国社会主义文化事业的特色，使得我们的出版社从成立伊始便肩负着崇高的历史使命，为社会主义文化事业的发展服务，如出版马列主义、毛泽东思想和邓小平理论经典原著；宣传马列主义、毛泽东思想和邓小平理论以及党的路线、方针、政策的普及性读物；出版党史和党建论著；出版政治、哲学、经济、历史、法律、文化、国际问题等学术著作及人物传记和哲学社会科学工具书等。近半个世纪以来，图书出版社没有辜负党和人民的重托，兢兢业业，不畏困难，勇于开拓，认真贯彻和执行了党和国家的出版方针，始终坚持了为社会主义服务、为人民服务的宗旨。

出版社是在不断变化着的社会环境中运行的，是在与其他企业、目标读者和社会公众的相互联结（协作、竞争、服务、监督等）中开展营销活动的。出版的各种外部力量，构成了深刻影响着出版营销活动的市场营销环境。环境力量的变化，既可以给出版企业带来市场机会，也可以形成某种环境威胁。全面、正确地认识市场营销环境，监测、把握各种环境力量的变化，对于出版企业审时度势、趋利避害地开展营销活动具有重要意义。

人文环境分析，这里所指的人文环境，是作用于我国文化体制的历史背景、价值观念、行为规范、社会心理等各种文化要素的总和，它们通过不同的文化形态得以呈现，并对文化体制产生持久而广泛的影响，绵延不断地为文化体制提供实践条件、智力支持和精神动力。

一、近现代中国文化体制的文化环境分析

近现代中国文化体制的文化环境是由三种基本因素构成的:中国特色的社会主义主流文化、中国传统文化和改革开放以来所形成的个性大众文化。

(一)中国特色的社会主义文化

中国特色的社会主义文化作为近现代中国的主流文化,同社会主义基本经济制度、政治制度结合在一起,围绕建设富强、民主、文明的社会主义现代化国家这一宏伟目标,以经济建设为中心,坚持改革开放,坚持为人民服务、为社会主义服务。它具有时代性、开放性的特点,贯彻宽容原则,弘扬主旋律,提倡多样化,使文化园地百花齐放、百家争鸣。

(二)中国传统文化

中国传统文化指的是中国长期历史演变延续过程中所形成的社会文化体系。中华文明演化而汇集成的一种反映民族特质和风貌的民族文化,是民族历史上各种思想文化、观念形态的总体表征,是居住在中国地域内的中华民族及其祖先所创造的、为中华民族世世代代所继承发展的、具有鲜明民族特色的历史悠久、内涵博大精深、传统优良的文化。

(三)个性化文化

要求个性解放,追求新生活,是新人类的文化取向,也是逐渐走向成熟的成年人的文化取向。

(四)新人类文化

“新人类”或“另类”,名词本身,就意味着非正统的文化元素。这一新人类文化叛逆多于顺从,反抗多于屈服,标新多于

守旧，放纵多于严谨。这一愤世嫉俗、迫切要求个性解放、追求新生活的情感正是我国社会在世纪交替之际各种矛盾的聚焦反映，有着较为深厚的社会土壤。

（五）自励文化

在对正统文化的扬弃中，形成健康向上的新青年文化是人们的另一个强烈追求。

（六）白领文化

自改革开放以来，我国社会结构发生了重大变化，其中，白领阶层不断壮大，描写白领阶层的奋斗、白领阶层的生活、白领阶层的情感的作品也随之畅销。

（七）新财富观

经济体制改革和市场经济的发展把人们日益拉入经济大潮之中，财富已经成为人身价值的重要体现，如何获得财富并使之保值、增值成为每一个人都在关心的问题。

（八）新教育观

素质教育全面实施以来，教育体制改革和教育方法的改进已成为全社会普遍关注的问题，特别是已成为青少年及其家长的切身问题。

1.经济高速发展是文化产业的不竭动力。文化产业与经济活动有着密切的关系。

（1）媒体传递的各方面信息，为市场主体的经济决策提供帮助；媒体广告在引导消费者需求方面发挥重要作用，它促进了市场的发育和完善；媒体发布各类商品的信息，减少了市场的信息不对称，有利于市场机制的有效运作。

(2)文化产业深受经济发展的影响,经济形势的走向决定着文化产业的兴衰。

2.重点行业为文化产业经营提供最直接的资金来源。教育产业化带动出版产业的发展,据不完全统计,出版业的利润中有70%以上来自教材、教辅以及教育读物,而近6年的中国广告投放行业分布中,药品、食品、家用电器、化妆品、房地产、酒类、医疗服务、服装服饰、汽车、医疗器械、旅游、烟草广告投放占据了广告投放额的70%左右,这些行业的兴衰直接关系着文化产业经营的成败。

3.居民消费升级带动文化产业创新。根据消费经济学理论和国际经验,当人均GDP达到1000美元时,居民消费结构将从生存型向享受、发展型转变,而消费结构的升级又将促进经济结构和社会结构的转变。

二、政策与法律环境分析

(一)政策法规

1.文化法律规范。在传统的法律分类中,文化法并不是一个独立的法律部门,我们所说的文化法是指以宪法为核心,横跨行政法、民商法、社会法、刑法等多部门、多层次的法律规范集合体。

2.文化产业管理机构。中央政府文化产业部门主要有:文化和旅游部、国家新闻出版广电总局等。

3.文化行政许可。国家对文化产业的大部分行业实行行政许可制度。

4.文化产品内容管理。国家为维护政治安全、社会稳定和社会公德,对各种文化产品的内容进行管理。

(二)政策导向

改革开放以来,我国文化体制改革和文化法制建设都面临着新的形势和新的挑战。党的十九大报告《决胜全面建成小康社会 夺取新时代中国特色社会主义伟大胜利》累计印数超过2400万册,《习近平谈治国理政》(第二卷)超过500万册,《全面从严治党面对面——理论热点面对面·2017》超过700万册;《红岩》《红星照耀中国》《红星照耀中国》(青少年版)3种红色经典首次进入百万册阵营。列入中宣部、国家新闻出版行政管理部门“2017年主题出版重点出版物”的图书单品种平均印数6.8万册,是书籍单品种平均印数(1.4万册)的4.9倍。

文化体制改革是中国文化产业改革的大背景。中国文化产业的大发展和大改革,其宏观背景是近年来逐步深入的文化体制改革。中国从来都将发展社会主义文化、建设社会主义精神文明放在社会发展极其重要的地位。随着中国加入WTO和中国传媒文化产业日新月异的发展现实,文化体制改革的必要性也就提上了政府的议事日程。中国文化体制改革和文化产业改革,离不开国家相关部门的政策推动和产业规范。

出版改革也许是中国文化产业改革中力度最大、最彻底的改革。出版社方面,除了人民出版社外,其他出版社均转型为经营型企业单位,发行方面,新华书店推进股份制改造,总发权全面向民营资本开放。

三、传媒投资逐步放开

(一)WTO与中国文化产业

2004年12月11日,中国加入世贸组织已满三年,传媒投资政策在2004年有了更大程度的开放，国家相关主管部门在把握既有的政策尺度的前提下，在书报刊分销市场、广告市场、外资媒体进入等领域的投资限制有所松动，开放程度越来越高。

（二）社会资本与中国文化产业

2003年9月1日，具备一定资格的民营企业也可以和国有企业一样，申请出版物的国内总发行权及批发权。2004年11月，文化部出台并下发《关于引导和支持非公有制经济发展文化产业的意见》，明确提出进一步鼓励、支持和引导非公有制经济，大力发展文化产业。

（三）传媒投资政策及趋势

2004年5月，新闻出版总署下发《关于进一步规范新闻出版单位出版合作和融资行为的通知》，要求已经转制和分离的报、刊、社所办企业必须确保国有资本的主导地位，新闻出版事业单位一律不准搞融资活动和股份制。

（四）自然、技术环境分析

1. 自然环境分析。自然环境指能够影响社会生产经营过程的自然因素，如自然资源、地理位置、地形、气候等。

2. 科学技术环境分析。科学技术对出版物营销的影响主要表现在以下几个方面：①市场需求迅速增加；②出版物形式多样化；③改变出版工作流程，形成新的出版产业形态；④改变出版物的统一定价制度，提高出版发行的工作效率；⑤缩短出版物的销售周期。

3. 教育环境分析。教育是一种有目的、有计划、有组织地培养人的社会实践活动。在社会经济发展过程中，教育的发展速度正在不断加快。我国正在实施科教兴国战略。教育的发展不断增加出版物市场的需求。教育从两个方面扩大着出版物市场,一是在校学生及教师用书,二是受教育者因科学文化素质的提高而形成的对出版物的需求。

4.市场环境分析。市场环境的影响因素主要表现在以下两个方面:①出版物出版行业的发展态势。从法定条件来看,在我国设立出版单位的总体要求并不太高,由于实行的是审批制而非登记制,且要求必须符合国家对出版单位总量、结构、布局的规划,而国家对出版社总量的控制又是相当严格的,所以,尽管法定条件并不高,但事实上,在我国设立一家新的出版单位是比较困难的。②需求方。需求方在这里特指最终消费者——读者。

行业内的竞争日趋激烈。竞争呈现以下几个特点:①出版业的竞争属于垄断产业的不完全市场竞争,统一、开放、有序的出版市场远未形成;②发行体系不完善;③出版业的竞争属于不成熟行业成长初期的竞争,出版企业整体实力的竞争已拉开序幕,但行业内充分竞争的阶段尚未真正到来,“价格战”仍然是主要的竞争方式和手段。

(五)出版业品牌竞争的意识增强

1.新近加入者。主要指新增加的出版社(集团)和行业外资金的进入。新近加入者的威胁主要来自两个方面:一是国内行业外资金的进入;二是国际出版集团的“入侵”。

2.替代者。出版物的最主要替代者是其他纸质传媒,即报纸、杂志和新近流行的书刊一体的MOOK,以及电子出版物。还有广播、电视、网络,以及进口出版物尤其是台、港、澳地区的出版物和外文出版物的中文版。相比较而言,网络等新兴传媒的冲击较大。出版企业战略环境分析是为了预测出版物市场发展的趋势,发现环境中蕴含的机会与挑战,从而寻求出版企业资源与环境的最佳匹配。

(六)SWOT分析法

SO战略:利用自身的优势来抓住市场机会。

WO战略:利用市场机会来冲击自身的弱点。

ST战略:利用自身的优势来减缓市场的威胁。

WT战略:直接改善企业的弱点来减缓市场的威胁。

1.外部环境机会(优势)。国家对出版工作高度重视,出版产业的作用和地位都受到前所未有的重视。

随着改革开放的不断深化发展,为书店体制的改革营造了一种较为有利的氛围,积累了许多可供借鉴的经验,这对降低国有书店的整体转制的成本是大有裨益的,而且,当前的产权改革也为书店的品牌延伸提供了良好的机遇。

随着新经济时代的来临,知识的作用愈来愈重要,知识的更新也愈来愈快,这必将促进出版物批发和零售的发展。出版物市场出现结构性的供大于求,迫切需要能真正满足市场需求的出版物。

2.外部环境威胁。整个环境的市场经济化的进一步深入与新闻出版业相对的计划经济性强的矛盾,造成诸多的不适应,尤其是思维上的保守和观念上的陈旧,使出版物出版发行业的改革举步维艰,困难重重,任务十分艰巨。

新闻出版尚未建立完备的立法体系,盗版、非法出版物屡禁不绝,确确实实成为行业的一块心病。尤其是网络技术、多媒体技术全方位的渗入，与其说是为发行带来了一个新的视角，不如说是带来了更多更强的竞争对手，我们付出的竞争成本将大大增加。国内迅速崛起的出版传媒集团、发行集团、图书公司和民营书业给出版物图书出版社带来了极大的竞争压力，大家已经不是站在同一起跑线上了，这对图书出版社的经营和管理提出了更为严格的要求。出版物市场的地方保护主义造成市场分割严重。

3. 内部环境优势。对图书出版社来说，其有良好的公共关系，在政府的强力推动下，有条件、有能力争取政策上的支持与帮助；积累了丰富的出版物销售管理经验，进、销、存等现有诸环节协调发展，进行连锁经营的交易费用低；资金雄厚，深化改革能付得起一定的成本和代价，而现实中，人们往往要等到付不起成本时才想到改革，现在我们完全可以"靓女先嫁"，使优质资产更上一个台阶；有一定的品牌知名度，有一支业务素质较高的发行工作者队伍，而且职工队伍较为稳定。

4. 内部环境弱点。受计划经济影响过重，有明显的"市场经济不适应症"，市场竞争能力偏弱；产业链中，有些环节的衔接与协调成本较高，资源配置合理性有待提高，尤其是各环节有些功能的重复设置，而一些迫切需要的功能，例如物流配送，对很多书店来说却是空白；缺乏战略、营销、资本运营等人才，观念易受禁锢，离现代企业制度对人力资源的要求尚有很大距离；职工的工作效率低下，缺乏合理的监督和激励机制。有些单位和部门领导层年龄和知识结构欠合理，在新技术的应用上有明显的滞后效应，与行业层级不相适应。

如果将走向市场看成是一个外部机会，SO战略可以是：利用行业深化改革的大好形势,以走向市场为契机,加大改革力度,包括在人、财、物等各个方面,以成本换优势,放远眼光,而不是计较眼前暂时的一城一池的得失,同时,充分利用现有企业的知名度和影响力,提高自己的市场份额,重点抓好现有的拳头产品,以点带面,形成辐射效应。WO战略可以是:市场经济不相信眼泪,利用市场外力来冲击我们的观念,树立起市场和服务的意识,同时,调整和完善我们的员工队伍结构(包括知识结构和年龄结构等),使得图书出版社在内在素质上能真正适应市场的要求。

如果将走向市场看成是一个威胁。ST战略可以是:利用中国文化特有的底蕴和图书出版社的公共关系来减缓市场对我们的冲击。WT战略可以是:全方位、多角度地切入,彻底诊治整个出版界的“市场经济不适应症”,但首先得从转变观念着手,观念变了,机会将会呈几何级数增加。

第二章 图书编辑的责任流变

第一节 中华人民共和国成立之初责任编辑的责任

中华人民共和国成立之前是我国文书工作的重要发展变革时期,也是现代文书工作的初创时期。在这个时期,公文及公文工作研究突起,对现代文书及文书工作理论产生直接影响,并导致公文及公文工作也发生根本性变化。因此,中华人民共和国成立之前的公文文献对了解我国公文及公文工作所发生的转型有着非常重要的意义,极具研究和参考价值。

中华人民共和国成立之前出版的文书学著作在国家近现代图书出版社、图书数字化资源库、超星电子书等数据库中有比较完整的收藏,而且在20世纪80年代,国家档案学会组织将其中较为经典的著作重新编印。2013年《档案学通讯》杂志社又将徐望之的《公牍通论》、许同莘的《公牍学史》、陈国琛的《文书之简化与管理》编入《档案学经典著作(第一卷)》。

我们利用国家近现代图书出版社中文期刊数字资源库、大成故纸堆、中国知网等数据库对《行政研究》和《行政研究》上发表的公文及公文工作研究文章进行了检索、汇集、整理。原来曾有学者统计两个杂志中发表文书、档案类的文章总计六十余篇，公文类仅十数篇，但此次检索、整理时发现，实际数量远不止于此，与文书及文书工作相关的文章为45篇。

中华人民共和国成立之前，图书出版社的编辑在收集资料的时候，是采用两种方法进行的，一是依据行政机关当中现有的资料，二是自动搜索。现成材料失之过少或过旧，即须自动搜集。有现成材料却不知道是材料的编辑，就需要进行自我搜索，比如在谈话的时候进行记录。而现在，只有外交机关才会采用这种方法，一般图书出版社很少会用到。现成的材料必须要经过整理之后才能采纳，假如现在各图书出版社将每月的工作报告书中列入了项目，叙述比较简单，分类也不完全，就还需要进行深入的研究，否则就会使得材料无用，而浪费掉了材料资源。

改革开放以来，出版社从100多家发展到500多家，一大批新人涌进了编辑部的大门。这其中，自然不乏佼佼者，而且许多人还是在大学本科毕业后分配到出版社的。然而，不能否认的是，出于复杂的原因，一些原本就不具备做编辑工作的也进来了，有的还被安排在重要的岗位上，又出于政策的原因，一大批具有丰富实践经验的老编辑相继离开了工作岗位，形成了编辑队伍的“断层”。这样，编辑队伍今天的整体素质较之前是大大降低了。

在市场经济大潮的冲击下，有少数编辑人员由于本身的政治素质不强而迷失了方向。在个人主义、享乐主义、拜金主义的影响下，为了一己之利，把党的期望、人民的委托、社会的信赖、同志的忠告统统抛在了一边。“白书”“黄书”“黑书”，超专业分工范围的书，粗制滥造的书，什么书都敢出，利令智昏，胆大妄为。

编辑是“杂家”，需要有广博的知识，也需要有更新知识的勤奋；编辑是“活动家”，需要有同各种层次的人们打交道的本领；编辑是“出版家”，需要熟悉、了解、掌握图书选题、组稿、加工、印制、发行、结算的全过程。这些，都属于近现代图书出版业务的范围。但是，一些新入门的编辑，甚至一些已经做了相当长时间编辑工作的老编辑，也会存在不足。

文风严谨，文笔流畅，是一个编辑至少应当具备的素质。中华人民共和国成立以来，编辑队伍中涌现出了许许多多帮助作者修改书稿的感人事迹，有一些老编辑，一字一句地帮助新作者修改，三易其稿甚至五易其稿的事并不少见，最终使这位无名作者脱颖而出。但现在，我们却发现有些拟发排的书稿，竟然一字未动，一句未改，连标点符号都保持了原来的面貌。是现在作者的文字水平已经达到了字字金玉的水平？显然不是。那么，这又反映了什么呢？

近现代图书出版社都是自收自支的企业。在坚持社会效益第一的前提下，必须十分重视经济效益。这一点，同改革开放之前的编辑工作有着很大的不同。为了适应市场经济这一新的形势，也为了出版社的生存与发展，每一个编辑人员，特别身居决策地位的“老总”们，需要有清醒的经济头脑和强烈的市场意识，要熟悉财务方面的基础知识，学会理财。国外企业界似乎有一条不成文的法则：不会理财的人，没有资格担任总经理，这句话其实是可以借鉴的。

近现代图书出版事业的关键之一是要有一支素质高的编辑队伍。既然目前我们的编辑队伍中存在着素质问题，那么，就应当从政策法规、管理体制、人事制度、运行机制、经营管理、财务工作等方面采取一些有效的、切实可行的、适合我国国情的措施来进行改进。

目前我国正式出版的图书上都要求注明"责任编辑",这可以用来明确图书编辑责任,其实对于优质图书,这也是对编辑工作的一种褒奖。在我国的近现代图书出版工作文献中,较早出现"责任编辑"这一提法的是1954年4月1日出版总署修订的《关于图书版本记录的规定》,它上面说:"除著作者、编辑者、翻译者姓名外,需要时可以载明负责的校订者、责任编辑、优秀的装帧设计者、插图者及校对者的姓名。"由这个规定开始,形成了我国近现代图书上注明责任编辑的传统。但该规定未提及责任编辑的职责。

责任编辑是对某一本或一系列图书的编辑出版做主要工作并对其负责的编辑者,其活动非常集中地、典型地体现了编辑工作的职能。据资料报道,人民出版社1955年2月制定的《书稿审读办法》和《书稿加工整理办法》都涉及了责任编辑的职责。1959年9月制定的《人民出版社书稿编辑和出版工作的基本规定》则明确指出:"责任编辑是书稿的主要编辑,他应当对原稿的质量基本评价,提出处理意见","决定采用的稿件,一般由责任编辑负责进行加工整理。某些大部头的书稿,必要时可由其他编辑协助",并指出,书稿到初审时由编辑部负责人指定初审及进行后续工作。这些资料表明,当时责任编辑的职责在于审定和加工稿件,实际上责任编辑大多仅为加工编辑。这样一种编辑制度,使得编辑职能主要在于对书稿进行评价和加工。

之后，情况渐渐有了变化，1984年出版的《科技编辑工作概论》上，介绍选题和组稿时，明确指出由责任编辑提出选题、组织编写，进而处理文稿。这表明，到此时，责任编辑的工作向“选题”方向延伸已成事实，选题成为责任编辑的基本工作要求及基本工作内容。这样，编辑的职能有了延伸。到目前，责任编辑的工作基本上得到了明确。例如化学工业出版社1998年版的《规章制度汇编》中，指出“承担策划、修改、加工、整理并负有主要责任的编辑为责任编辑”，其中，“策划”主要指选题策划。从“编辑管理”部分看，该书对编辑的“选题、组稿、加工、整理”等各项职能进行了强化，特别强调了选题工作的重要性。

近现代图书出版社的编辑至少有三大责任，其一是政治责任，亦即思想层面上的观点把握；其二是业务责任，亦即技术层面上的观点把握；其三是经济责任，亦即利润层面上的创收指标。责任编辑除了要负责初审工作之外，还要负责稿件的编辑、加工、整理、校对、标记确认、付印样的通读工作，使稿件的内容更完善、体例更严谨、材料更准确、语言文字更通达、逻辑更严密，消除一般技术性差错，防止出现原则性错误，并负责对编辑、设计、排版、校对、印刷等出版环节的质量进行监督。同时，近现代图书出版社的编辑由出版社指定，在审读全部稿件的基础上，主要负责从专业的角度对稿件的社会价值和文化、学术价值进行审查，把好政治关、知识关、文字关，要写出初审报告，并对稿件提出取舍意见和修改建议。①

①任悦，曾璜．图片编辑手册[M]．北京：中国摄影出版社，2015.

第二节 近现代图书出版社编辑责任取得的进步和优点

中国的图书出版业兴起于魏晋南北朝时期，唐代以后随着雕版印刷的出现而有了跨越性的发展，到宋代时，出版业已具备了相当高的水平，及至明清，已堪称繁盛。编辑活动是随着书籍的出现而出现的。之所以叫作“编辑活动”而不是“编辑”，是因为“编辑”一词在相当长的一段时间内都是作为动词使用的，并非我们今天图书出版意义上的职业编辑。一直到19世纪，中国的整个出版行业发生了空前的变革，在西方新技术、新思想的冲击下，图书出版从质到量都有了较大的飞跃。20世纪以后，一批具有现代意义的私营出版企业快速发展起来。应该说，这时才有了现代意义上的职业编辑。进入21世纪，在经济全球化背景下，中国的出版业面临前所未有的挑战，这也对编辑提出了更高的要求。编辑是图书出版的策动者，参与出版活动的全过程，图书的质量相当程度上取决于编辑的水平。

近现代图书出版社的编辑责任和以前时期的编辑责任相比，取得了较大的进步，其具备了更强的职业素养，有了强烈的人文色彩，而在现代化的社会背景之下，素养的内涵更加丰富。我们正处于一个信息爆炸、技术飞跃、社会发展日新月异的年代，信息与技术的主宰者是人，社会发展的本质也是人的发展，而编辑作为具有鲜明职业特色的个体，其素养是知识的、信息的、技术的，更是人文的。

谈编辑的素养，应该始于对近现代图书出版事业的理解和对事业心的叩问。我们有幸生长在一个有着五千年文明史的伟大国度，直至今天，我们仍可以在卷帙浩繁的典籍中与古人进行智慧的碰撞，产生情感的交融。“人类最伟大的思想在哪里？在书里。”作为一名近现代图书出版社的编辑，既在传承历史、传承文明，又在创造历史、创造文明。古人说：“盖文章者，经国之大业，不朽之盛事。”可见古人把著作立言放在了多么重要的地位。今天，每一本图书从策划到出版都离不开编辑的辛勤劳作，编辑在书刊作品创作出版过程中所扮演的角色之重要不言而喻。说编辑是“经国大业”的参与者、“不朽盛事”的缔造者不但不为过，恐怕还正指出了编辑所从事的出版事业的崇高。认识到这一点，是一个编辑事业心的起点，也是我们这里探讨编辑素养的起点。

次一层，要谈到对文化的敬畏。中国文化源远流长，长久以来，传统文化实际上已经内化为中华民族的灵魂与血肉，可以说，中国人之所以为中国人，就是因为有中国文化在，有老祖宗留给我们的丰赡的精神遗产在。近些年来，随着社会经济的飞速发展，相当一部分人在物质极大丰富的同时，对待文化的态度越来越缺乏必要的敬意，越来越随意，甚至有的人在恶意地玩弄文化、玷污文化、践踏文化。编辑是知识分子队伍里的重要组成部分，在这样复杂的社会形势下，必须提醒自己时刻秉持知识分子的良心和对文化的敬畏之心。对一本即将被推向市场，并最终呈现在读者面前的书来说，编辑是决定这本书质量的最后一道防线。一本好书可以影响一代人甚至几代人，一本不好的书也是如此。若说重一点，在图书出版这个意义上，文化的失守就是编辑的渎职或犯罪。因此，虽然我们不能要求每位编辑都是文化精英，但至少，编辑应该有一颗对文化的敬畏之心。

有了事业心，有了对文化的敬畏，接下来才能谈得上对编辑业务的思考。要做一个合格的编辑，笔者认为必须具有六个意识。

一、具有成熟的“政治”意识

一位出版界前辈曾说：“一个称职的编辑应该既是学问家，又是思想家、政治家。”长期以来，现实中一直存在这样一种令人担忧的现象，这就是“有知识，没文化；有文化，没思想”。我们不能否认，以书籍为代表的出版物具有鲜明的意识形态性，深刻影响着人们的世界观、人生观。出版业在宣传一个国家主流的意识形态，继承和弘扬民族传统文化以及维护国家政治稳定与文化安全上发挥着重要作用。因此，做一个编辑，不仅应该具备过硬的专业知识和技能，更应该全面、深刻地理解中国文化和世界文化，从而形成成熟的世界观和人生观，明确自己的社会责任和历史使命，坚定理想信念，辨别大是大非，把握时代脉搏，服从服务大局，自觉加入为实现中华民族伟大复兴而奋斗的行列中来。

二、具有“储备”意识

拥有广博的知识面是一位优秀编辑所必备的素质，但这并非朝夕之功，必须在日常工作和生活中不断学习，广泛涉猎；根据工作需要和个人兴趣，在特定的专业领域内着意拓展自己的研究广度和深度，力争在广博的基础上有所精专。这就要求我们的编辑具有较强的学习力。“吾生也有涯，而知也无涯”，一个优秀的编辑必须有终身学习的观念和习惯，不断拓展和丰富自己的知识储备，不断提高自己的认知能力。对于一位刚入行的新编辑来说，学习力决定着其职业前景。

三、具有互动协作意识

编辑工作中三类最主要的人群是读者、作者与编辑。首先，近现代图书出版社编辑工作的目的是为读者寻找并生产他们喜爱的出版物。一名合格的编辑既要想办法满足读者，又要很好地引导读者。其次，还必须与作者良性互动，组织、引导并协助作者，最终创作出满足读者需求、符合社会发展需要的作品。成功的出版活动必须在编辑与读者、作者三方多维互动的前提下才能实现。最后，一个优秀的编辑还必须是一个善于协作的编辑，这包括与身边的同事协作，还包括与全国乃至全世界同行的协作。只有通过广泛、深入和卓有成效的协作，才能超越个人能力的局限，实现事业的更大突破。

四、具有开放意识

开放的视野取决于开放的心态和意识。书籍是文化的载体，而文化则是人类社会生活的直接体现，因此，编辑视野的开放应该是面向社会生活的全面的细致的开放。具体地说，我们的开放要有“纵”有“横”，所谓“纵”，是历史的，也是未来的，指要有兼容并蓄的胸怀、去粗取精的能力，更要有未雨绸缪的眼光；所谓“横”，是国家的、民族的，也是世界的，指要审时度势、博采众长，更要扬帆出海。总而言之，开放的、进步的，才是与社会发展同步的。

五、具有创新意识

创新是民族进步的灵魂。出版工作以传播新思想、新文化、新知识、新信息为基本功能，因此，编辑要牢固树立创新意识，在策划和挖掘具有新思想、新知识、新信息的创新性选题上下苦功夫。抱残守缺，故步自封，这样的编辑迟早要被淘汰，这样的出版单位迟早也要被淘汰。此外，创新是整体创新，是全面创新，是持续创新，我们不仅需要创新型的选题，还需要在图书装帧、出版方式乃至出版管理等各方面创新，只有创新，才会有未来。

六、具有精品意识

正如出版界一位老前辈所言，编辑要以“出版传世之作”为最高追求。严格地讲，出版精品、出版传世之作并不能作为编辑的素养之一来讨论，只能说这是社会对编辑、对整个出版业的期望，但我们之所以要把这一点拿出来讲，一方面，是因为要把有没有出版精品的自觉意识和不懈追求作为编辑的素养；另一方面，是因为只有“精品编辑”才有可能出“精品图书”，社会呼唤传世之作的产生说到底还是离不开对具有较高职业素养的编辑的培养。先秦诸子思想灿若星河，这是众多传世之作汇成的星河；司马迁之所以不朽，亦因其有号称“史家之绝唱，无韵之《离骚》”的《史记》流传千载。一部名著可以造就一个人，可以影响几代人，甚至可以成为一个国家或民族赖以凝聚的宝贵精神财富。因此，虽然我们不能苛求每位编辑都出版传世之作，但我们希望每位编辑都以出版传世之作作为自己的毕生追求并为之不懈努力。

20世纪90年代以来，文化产业迅猛发展，已经成为全球发展较快的产业之一，在某些国家已经超过了航空航天、汽车制造、钢铁、金融服务业而发展为支柱产业。目前，在发达国家，文化产业所占GDP比重普遍高于10%，而我国尚不足4%。文化产业发展的滞后已经成为制约我国经济发展的瓶颈，加快发展文化产业并努力抢占世界文化产业的制高点势在必行。党的十八大、十九大多次提到关于深化文化体制改革的问题，十九大报告提出，我国社会的主要矛盾已经转化为人民日益增长的美好生活需要与不平衡、不充分的发展之间的矛盾。这意味着群众占主导的需求已经从满足物质生活需求为主，向主要满足精神需求为主转型。文化建设应该承担更大的使命，可以从三个方面来理解文化的新定位：第一，文化在经济转型升级当中在发挥着越来越重要的作用，包括品牌塑造、工匠精神的倡导、一般消费品都需要融入文化的因素，增加文化附加值；第二，民主、法治、公平、正义、安全、环境这些精神诉求，要真正全面实现，需要借助文化的力量来传播，做到深入人心；第三，要为群众提供健康的、雅俗共赏的、多样化的文化产品。正如习近平同志所说："满足人民对美好生活的新期待，必须提供更多的精神食粮。"同时，党的十九大报告还指出："中国特色社会主义进入新时代，意味着中国特色社会主义道路、理论、制度、文化不断发展，拓展了发展中国家走向现代化的途径，给世界上那些既希望加快发展又希望保持自身独立性的国家和民族提供了全新选择，为解决人类问题提供了中国智慧和中国方案。"这个中国智慧和中国方案包括各个方面，它不仅指中国经济崛起、人民富起来，也包括中国的文化立场、中国的文化价值观逐步为世人所接受、认同。从某种意义上讲，后者比前者更重要，也更有意义。文化建设要为中国智慧、中国方案的广泛传播注入更多的精神内涵。党的十九大报告对社会主义文化的发展提出了明确的要求，也为图书出版业吹响了前进的号角。

如今，随着信息技术的迅猛发展，网络出版物、多媒体出版物、电子书等电子出版物成为时代新宠，信息技术的变革正越来越深刻地改变着人们的生活，人们的阅读方式、内容乃至思维方式都随之发生了变化。可以说，未来出版业面临的最大挑战就是来自信息技术的冲击。当前依然是我国新闻出版业转型升级的加速期，从出版、印刷到发行，都被数字化风暴所席卷，诸多新业态随之不断涌现。对于编辑来说，跟不上信息技术发展的步伐，就必将落伍于这个数字化的时代，在未来出版业的激烈竞争中被淘汰。同时，我们也应看到，优秀的人才产自肥沃的土壤，新的形势呼唤新的科学而健全的编辑人才培养体系的建立，尽快建立起编辑人才培养的长效机制才是出版业永葆生机活力的根本所在。①

随着当前生活节奏的加快，导致图书"快餐"化现象加剧，在"读图"时代，图文并茂的读物受到读者青睐，这就要求出版物版式与外观上新颖、美观。传统方式是由图书责任编辑与美术编辑合作，图书责任编辑起主导作用，体现的是责编的欣赏水平与个人风格，美编不能完全发挥自己的设计理念，信息经过传递会有所衰减，不充分的沟通会影响图书成品的整体表现。而如今的图书编辑能力和传统相比，已经有了非常大程度上的提升，全能型的编辑是实现出版创新的重要保障，现

①朱同芳."经国大业"的参与者 "不朽盛事"的缔造者——浅谈当代图书编辑的素养[J].中国出版,2012(09):56-58.

代全能型编辑定位是图书完整产品的制作人，即有创新性的想法，承担选题的编辑加工、版式的选择设计、成本的确定与核算、印刷工艺的选择、封面装帧的构想、营销方案的确定等工作的人才。

在社会主义市场经济下，竞争更加激烈，各路出版编辑媒体为了赢得竞争与利益，大量刊登、发布带有猎奇、暴力、血腥等不良内容的信息，力图将自己的主观想法融入图书出版中，寻求轰动性效应。另外，有偿新闻报道渐渐成为传媒人竞相逐利的重要手段。新闻出版行业已经不再是单纯地出版与编辑图书，而成了利益竞争的牺牲品，图书出版编辑的责任意识下滑也就不言而喻了。

消费主义时代的图书出版编辑要充分认识到编辑出版工作在建设创新型国家中的作用，大力反映科技等文化创新成果，积极传播科技等文化创新知识，努力营造科技等文化创新氛围。同时，要充分认识到建设创新型国家将为我国出版业的发展提供空前的机遇。编辑人员在服务国家建设的同时，应自觉为创新型文化建设做出贡献。

就编辑素养而言，在这种近现代背景之下，也是一个内涵和外延都在不断发展的命题，本书仅粗疏地梳理出当今社会出版社编辑素养的几个要点。不管时代怎样发展、出版形式怎样变换，编辑走“全能”“特专”“精品”之路都是不错的。作为中国近现代图书出版社的一名编辑、文化产业大军中的一分子，图书编辑面对的是千载难逢的机遇，同时也是前所未有的挑战。我们的每一位编辑都要勇敢地投身到新世纪出版的洪流中，争当中国出版业的中流砥柱，参与“经国大业”，缔造

“不朽盛事”。编辑的任务就是使用物质文明设施和手段，从事组织、采录、收集、整理、纂修、审定各式精神产品及其他文献资料等工作，使之传播于社会公众者。

编辑出版管理是图书出版发行的重要阶段，加强编辑出版管理工作，对于图书的发行具有重要意义。在市场经济的浪潮下，转制后的图书企业在日益激烈的竞争中，要想实现自身的长远发展，必须重视编辑出版管理，必须加强出版管理工作。

随着我国市场经济体制改革的迅猛发展，我国图书企业也面临着新一轮的改革，为了适应市场经济的大潮，同时也为了实现图书企业的长远发展，我国大多数企业开始了向现代化企业转变的历程。向现代企业转变是企业自身发展的必然选择。随着图书市场的发展，图书企业之间的竞争也日益激烈起来，所以，加强编辑出版管理工作就显得越来越重要。

第三节　近现代图书出版社责任编辑存在的不足与问题

图书出版的企业化管理体制，使出版社受市场经济利益驱动，以社会效益为导向，降低了图书编辑工作的质量要求和图书品位，导致图书出版良莠不分，严格的图书编辑制度遭到破坏。这种严重的情况主要表现在四个方面。一是选题策划制度松懈。由于图书出版市场化，出版社为了保证不亏本甚至营利，往往要求作者承担全部或部分出版费用，导致有些编辑在选题申报或立项过程中不认真做市场调研，不考察受众群体，随意夸大选题的社会效益。二是图书市场调研制度虚化。正常的图书编辑工作必须经过书市调研、出版社调研、社会市场调研和数据调研等环节，但是这些环节往往被虚化，不是一带而过就是停留在文字游戏上，缺乏实质性的市场调研。三是图书审读制度简化。有的编辑拿到书稿后，不是先审后编，而是将审稿和编辑加工合二为一，甚至不审就直接加工；有的出版社以选题的三审代替书稿的三审；有的出版社初审、复审不是全面审读，而是选读，且选读的篇幅根据书稿而定，这就削弱了三级审读人员各自的职责和审稿的分量。图书审读制度得不到切实执行，直接影响了图书质量。四是图书校对制度淡化。有些编辑责任心不强、个人修养不够，加上审查制度不能有效执行，导致图书检查形式化，影响图书出版的质量与效益。

在明确近现代图书出版社编辑应负哪些责任之前，首先应明确“责任编辑”的含义。新版《现代汉语词典》（2016年9月修订第7版）是这样解释“责任编辑”的：“出版部门负责对某一稿件进行审阅、整理、加工等工作的编辑人员。简称责编。”这一解释明确地指出了“责任编辑”是干什么的。根据干什么就对什么的后果负责的管理原则，“责任编辑”还包含着另一层意思，即对所审阅、整理、加工的出版物承担一定的责任。出版物责任编辑的责任是由出版物这种特殊商品的性质所决定的。

出版物是思想、知识和信息的载体，是传播思想、知识及信息的媒介，但同时又是一种商品，要标价出售。出版物的这种性质决定了出版物责任编辑有如下责任：

第一是政治责任。现代社会中，思想的交流、知识的传播、信息的传递，很大程度上是靠出版物来作媒介的。这一特点客观上决定了出版物具有政治功能。大到国与国之间的关系、国家的政治稳定、民族关系，小到某一宗教习惯、某一项国家的具体政策，出版物都可以发挥其影响作用。因而，责任编辑应保证其所责编的图书等出版物在政治上与党和国家利益保持一致，起正作用，而不是起反作用。

第二是法律责任。法律是调节各种利益主体之间关系的准则和规范。出版物牵涉到出版社、作者及第三者（法人、自然人）等各种各样的利益主体，其责任编辑应保证出版物出版过程中不构成对出版者、作者及他人权利的侵犯。

第三是知识责任。出版物是传播知识的主要媒介，“开卷有益”既是鼓励人们读书的格言，也是社会对出版物提出的基本要求。它要求责任编辑必须承担起传播正确知识的责任。也就是说，责任编辑应保证自己所责编的出版物内容正确、文通字顺、标点符号使用得当等，否则就会误人子弟，甚至贻害社会。

第四是道德责任。传播思想、知识和信息的功能，使出版物客观上具有教化社会的作用。出版物提倡什么，反对什么，在一定程度上对社会起着引导作用，对尚未成熟的青少年来说尤其如此。这就决定了责任编辑有义务正确把握自己所责编出版物的价值取向和审美情趣，培养健康、崇高的情操，而不能见利忘义，出版诲淫诲盗、格调低下的精神鸦片。责任编辑的道德责任，还应包括自己所责编的出版物是货真价实的作品。也就是说，责任编辑有义务对那些虽无什么政治问题，也不存在侵权行为和知识性错误，价值取向和审美情趣也不至于低下，但空话连篇，水分很大的“作品”亮出红灯，以免浪费可贵的出版资源，浪费读者的钱财和时间。

第五是经济责任。在社会主义市场经济下，出版单位是经营文化产品的特殊企业。目前，大部分出版社已经是完全的企业化管理，自收自支，自负盈亏。这就决定了责任编辑必须对其责编的出版物的经济效益负责。

以上责任编辑的五种责任中，前四项有一共同特点——都是从社会角度来讲的，因而又可以统称为社会责任。这样，责任编辑的责任，又可概括为两种：社会责任与经济责任。两种责任的履行分别产生两种效益——社会效益与经济效益。按照责、权、利相一致的管理原则，根据两种效益实现的情况，应分别对两种责任的履行进行奖惩（精神的和物质的）。社会效益好的图书，其责任编辑理应受到嘉奖，反过来，社会效益不好的图书，其责任编辑必须受到处罚；且社会效益不好的图书，其责任编辑也应承担相应的经济责任——其个人收入应相应减少。由于社会效益与经济效益是从两个角度出发的不同的评价标准，所以，二者并不一定能完全统一。也就是说，社会效益好的书，有的经济上可能要亏损；而经济效益好的书，有的社会效益可能比较一般，甚至社会效益可能不好。

那么，在对近现代图书出版社编辑的奖惩上，如何处理社会效益与经济效益二者的关系呢？图书是一种特殊商品，它的社会效益应放在第一位，经济效益应放在第二位，在奖惩上应采取既相互区别，又相互联系的原则，即一般情况下，社会效益与经济效益应分别考核、分别奖惩，但当社会效益不好时，经济效益再好也不能奖励。

具体来说，可以分别根据不同情况采取不同的办法：①对双效书（社会效益与经济效益俱佳的书），应分别从社会效益和经济效益的角度对其责任编辑奖励；②对社会效益好，但经济效益差的书，应分别对其责任编辑奖惩，即奖励其好的社会效益，惩罚其不好的经济效益，但应把握一个原则，即奖惩的最终结果，应是因社会效益好得到的物质奖励，至少能补偿其因不好所减少的经济收入；③对社会效益不错，但经济效益不突出的书，对其责任编辑，应奖励其好的社会效益；④对经济效益好，但社会效益不好的书，对其责任编辑，应惩罚其不好的社会效益，而好的经济效益也不能奖励；⑤对社会效益、经济效益均差的书，应对其责任编辑进行重罚。这样赏罚分明，持之有据，有利于调动责任编辑的积极性，多出双效书，多出社会效益好的书，不出坏书。

在讨论近现代图书出版社编辑的责任的时候，不能不涉及另外两种相关责任，即作者责任与校对责任。责任编辑审读、加工的是作者的稿子（文、图等），稿子反映作者的观点，我国历来就有"文责自负"的说法。但是作为责任编辑，又负有政治责任、法律责任、知识责任。编辑和作者，二者的责任究竟如何区分，是个必须明确的问题。笔者以为，编辑只能且必须对其应该知道的事实负责，而不能对其不必要和不可能知道的事实负责。

图书责任编辑的政治责任，是由我国社会主义现代化建设时期出版工作的性质、方针、任务决定的。1983年6月，《中共中央、国务院关于加强出版工作的决定》中指出："我国的出版事业，与资本主义国家的出版事业根本不同，是党领导的社会主义事业的一个组成部分，必须坚持为人民服务、为社会主义服务的方针，宣传马克思主义、毛泽东思想，传播一切有益于经济和社会发展的科学技术和文化知识，丰富人民的精神生活。”据此可知，图书编辑工作，虽然有经济活动内容，但从本质上说，是意识形态工作，属于上层建筑领域。所以，图书责任编辑肩负的政治责任是重大的。这就要求我们的图书责任编辑在制定规划、设计选题、组稿、审稿过程中都要强化政治意识，时刻想到自己是社会主义出版社的图书编辑，肩负着社会主义精神文明建设的重任。这样才能保证自己编辑出版的图书不偏离大方向。

众所周知，图书具有精神产品和物质产品的双重属性，但精神产品的属性占主导地位，其商品属性是次要的。作为精神产品的图书不仅是传播科学、文化知识的载体，同时还是瞭望世界的窗口，是人类相互交流的桥梁。图书对人们的生产、生活、思想观念、意识形态均有极为重要的影响，也可以说有一定的导向作用。我们不排除图书的娱乐作用和消遣功能，但这不是主要的。也可以说，人类是发明图书以后，人类文明与进步才有了飞跃的发展，尤其是在信息时代，知识爆炸，科学技术不断更新换代，图书的传媒任务以及它的特殊职能就更加重要了。关于图书对于人类生存与发展的重要性，莎士比亚回答得最为精彩：“生活里没有书籍，就好像没有阳光，智慧里没有书籍，就好像鸟儿没有翅膀。”高尔基也说“书是知识的源泉”“书是人类进步的阶梯”，可见，书是人类最好的朋友和伙伴，同时，也体现出图书编辑工作的责任重大与神圣。

在明确了近现代图书出版社编辑应承担的责任后,有必要概括地了解一下图书出版社编辑履行责任的现状。近年来,随着改革开放的不断深入,出版界出了许多有价值的图书,为繁荣文化事业、促进精神文明建设做出了不小的贡献。但是,毋庸讳言,也出版了一些有问题的图书。有的引起了国际纠纷;有的引起了民族矛盾;有的格调低下,破坏了精神文明建设;至于编校质量差、差错率高的图书更是比比皆是,已成一大社会公害。之所以出现这些问题,其直接原因就是责任编辑未能很好地履行其编辑责任,没有在审稿及编辑加工上下功夫。有一段时期,在一定程度上甚至形成了一种以不看稿为潇洒,以发稿多为能力强(其前提只能是少看稿,甚至不看稿)的风气。深层次的原因则是改革开放以来,出版社发展太快,管理机制又不健全、不完善,没有形成对责任编辑的有效约束力,致使一些责任编辑一不明确自身的责任,二未具备承担编辑责任的能力,三无必须履行编辑责任的压力。因此,要保证责任编辑很好地履行编辑责任,必须在建立、健全管理机制上做文章。保证责任编辑履行责任的管理机制建立、健全,可从宏观、中观、微观三个层次上进行。

所谓宏观层次的管理,这里指国家近现代图书出版社的管理。这一层次的管理,笔者以为在原有管理制度外,可以补充建立两项制度。首先,建立国家统一标准的编辑资格认证制度。这些年,近现代图书出版事业发展很快,编辑队伍中增加了许多学历不高、经验不足的新人。这些人当中的不少人既无扎实的专业基础和文字功夫,又无较高的政策水平;既未经过系统的专门培训,又自学提高不够,而无知又凭空使他们添了几分大胆。让这样素质的队伍来全面履行前述责任编辑的责任,显然力不从心。这也是目前出版物数量不少,但整体质量不高的主要原因。要解决这一问题,就必须采取一项强硬措施,即实行编辑人员资格认证制度。具体来说,由国家近现代图书出版社组织专家,制定编辑应具备的基本素质标准,根据素质标准拟定考试大纲,并进行全国统考。只有考试合格,取得编辑资格证书者,才能持证上岗,不合格者,可委托有关院校编辑专业代为培训,待合格后再上岗。没有培养前途以及培养后仍未能达到标准者不予录用。

其次,可以建立读者监督检查编校质量制度。这几年,近现代图书出版社在全国范围内组织了几次大的图书编校质量检查,有力地促进了责任编辑责任心的增强,也促进了图书编校质量的提高。但这样的检查耗费人力、物力较多,举行次数不可能多,所检查的图书也很有限。为了弥补大规模检查的不足,可以实行读者监督检查制度。

具体方法可设想如下:近现代图书出版社成立一个图书编校质量检查办公室,负责接受读者对差错率超过1/10000的图书的举报。经查实差错率确实超过1/10000的图书,第一个举报者(以邮戳为准),可获得不低于该书校对费的奖励,其余举报者,可获得相当于该书价格两倍的赔偿。费用均由出版该书的出版社负担,责任编辑个人承担其中的一部分。

一、牢固树立宗旨意识

责任编辑必须首先牢固宗旨意识。出版事业是中国特色社会主义的出版事业,因此,必须时刻牢记出版工作的根本方针是为人民服务、为社会主义服务。具体讲,要提高图书的质量，首先必须提高编辑人员的素质；提高编辑人员的素质，必须全面提高编辑人员的政治素质和业务素质。就政治素质来说，要在思想上高度重视，明白提高政治素质是提高业务素质的前提，是搞好编辑工作的基础。出版社也要把提高编辑人员的素质尤其是政治素质作为大事列入重要议事日程，充分发挥党组织的作用，切实增强责任编辑的宗旨意识。

二、坚定树立质量意识

质量是出版物的生命，是出版社生存和发展的前提。作为责任编辑，必须牢固树立质量意识。具体说来，作为图书编辑，增强质量意识，就是要正确处理好几个关系。一是数量与质量的关系。不能出现编辑人员为了追求社会效益，片面追求数量，从而导致图书质量严重滑坡的情况。二是速度与质量的关系。无论书稿要求出版的时间多么紧迫，绝不能因片面追求速度而忽略了图书出版质量。图书出版后一定要能经受得起社会和时间的检验，尤其是重点书稿更要精雕细琢。三是责任心与质量的关系。图书是一种特殊商品，它既可以教育人、鼓舞人，也可以腐蚀人、贻害人。这就要求责任编辑具有高度的事业心和责任感，坚持“有所为有所不为”，将真正具有社会效益的书稿列入“有所为”之列，而将“平庸稿”“关系稿”毫不留情地归入“有所不为”之列。

三、扎实树立市场意识

随着出版业转制的全面铺开，出版社作为企业，要面向市场，参与竞争，将全面进入以市场为导向的竞争期。出版业的竞争也就是出版物的竞争。编辑工作是整个出版工作的中心环节,对出版工作的全局具有关键性的作用和影响。在社会主义市场经济条件下从事图书编辑工作,一定要有市场观念,要深入研究读者,尤其是要认真研究近现代新兴的读者群。新的社会群体,如个体户、民营企业家、职业经理人、策划人、经纪人、股民、彩民、“网虫”“追星族”、球迷等正在壮大。新的读者群体呼唤新型出版物,新的读者队伍蕴含着新的出版商机。出版社必须在对读者群细分的基础上,针对读者群进行特定的出版营销,图书要有独特性和差异性。“你的产品是什么并不是最重要的,消费者认为你的产品是什么才是最关键的。”

四、勇于树立创新意识

举凡好书,无不是天下独一本,即使后人群起效仿,也仅仅是“克隆”,难以超过。好选题的策划和设计如同创作和发明,需要灵感和直觉,它来自编辑人员的责任心、自身的准备和“充电”。编辑是一种复杂的、高难度的、需要多方面才能的职业。它需要选题策划者有深刻的理论知识、高超的操作能力以及不辞劳苦的深耕细作。同时还要开动脑筋,大胆探索开发选题的各种方法,如上下两头结合法、专业学科建设法、阅读热点追踪法等。此外,还应借助于计算机,运用信息交合法,在短时间内大批量地开发选题,再从中筛选、改造、优化、重塑、升华出一批有价值的选题。总之,编辑人员要勇于创新,敢抓选题,善抓选题,努力成为策划选题的高手。

五、切实树立法治意识

市场经济就是法治经济。我国已经加入WTO,我们必须熟悉和遵守WTO规则、国际公约和国际惯例。否则,就有可能在编辑工作中犯知识性甚至法律性的错误。具体到出版社的编辑人员,增强法治意识要解决四个问题。一是遵守法律。法律包括以宪法为核心的各种法律,以及专业法如《著作权法》《反不正当竞争法》等。二是遵守出版法规。国务院、国家新闻出版广电总局、省级人民政府及主管行政部门,根据我国社会主义精神文明建设的要求和出版事业的需要,制定了若干具体的出版行政法规和规章,这些必须遵守。三是遵守保密法规。为维护国家利益和社会公共安全,国家保密局以及省、市保密机关对图书出版的保密做出了明确的禁止性规定。四是遵守WTO规则、国际公约和国际惯例。作为中国出版界的编辑人员,一定要熟悉和掌握《保护文学和艺术作品伯尔尼公约》《世界版权公约》《与贸易有关的知识产权协议》等知识产权国际公约、协议,熟悉与知识产权保护有关的国际惯例。①

只有这样,一方面,才能避免因侵权而可能引发的官司,防患于未然;另一方面,才能更有准备地积极参与国际版权贸易,发展出版产业,使我们的特色精品图书跨出国门,走向世界,创造出更大的社会效益和经济效益,并在国际版权贸易活动中运用法律武器切实维护自己的合法权益。

①曾艳.责任编辑的五个意识[J].出版参考,2005(12):34.

第三章 近现代图书出版社编辑的工作任务

第一节 选题策划

选题策划，就是由编辑提出出版创意。首先，选题策划需要考虑以下几个因素：出版社的实际情况、出版方向、专长、发行渠道等；图书市场的“风向”，什么“风”已经刮过去了，现在正在刮什么“风”，接下来可能会刮什么“风”等，说白了，就是掌握同类书情况及目标读者群的情况；选题的可操作性，包括组稿的难度、出版时间的限制、编辑加工的难度、发行渠道的兼容度、宣传营销的难易度等。然后是做选题策划报告，主要包括为什么要做这样一本书、市场同类书的情况、作者的情况、市场预期、书稿特色、装帧形式、营销策略，有的也包括书稿内容提要、提纲及样张等。只有选题真正成熟且具有可行性及良好的市场前景，才有可能通过出版社的选题讨论会，进入下一步操作。

在选题策划中应用创造性思维独辟蹊径地考虑选题就是选题创新。中林生态文化出版研究中心主任、出版专家刘先银先生认为，选题是出版流程的源头，选题创新至关重要。从本质上看，选题是一种文化设计、文化创造和文化引导，是一种编辑生产力、文化生产力。

选题策划从本质上看是一种运用脑力的理性行为。具体而言，策划是为达到预定目标，利用科学知识，进行发明创造、仔细盘算、精心安排的设计过程。其公式为(innovate+planning)×design=purpose。图书策划就是指为达到预期目标，通过有所创新和计划，并进行良好的包装的过程。选题策划与市场策划都从属于图书策划，是图书策划最重要的组成部分。

做好选题策划重要的是扎扎实实地做好以下工作：深入、细致地进行市场调查，准确地找准读者定位和选题特色定位，确定选题框架，物色最佳作者，参与选题写作提纲的拟定和审定，培训与指导作者写作(从图书策划和写作技巧角度)，在作者写作过程中积极做好稿件的“田间管理”工作等。选题策划应突出两个定位：读者定位和特色定位。

优秀的策划选题能够提高选题的质量，把有限的人力、物力、财力集中到社会效益、经济效益俱佳的图书的设计、编辑和出版上，推出精品。

一、选题策划的概念

1.定义

选题策划是编辑人员依据一定的方针和主、客观条件，开发出版资源，设计选题的创造性活动。

2.作用

把握出版生产秩序，保证和提高出版物的质量，塑造出版单位的品牌形象。

3.类型

按规格分为系列性、成套性、单项性选题；按重要性可分为重点和一般选题；按制订时机分计划内、计划外选题。

二、选题策划的基本步骤

1.基础准备

对各种信息进行筛选和选择利用。

2.选题设计

(1)捕捉新的选题生长点。

(2)构思出版物的总体结构(尽可能详尽、周密)。构思阶段应注意:内容所涉领域有哪些新发展,其前沿和制高点在哪里;社会生活呈现出怎样的发展态势,它与选题有多高的契合度;社会的文化需要是什么,与选题特色关联如何,未来竞争力如何。

3.选题论证

其目的,是凭借集体智慧,对编辑提出的选题从主旨、内容、形式、市场前景可行性、主客观条件等多方面做全方位论证,以决定选题成立与否或提出进一步修改和完善的意见。

4.选题优化

根据论证意见、组稿等过程中的实际情况,对原有选题进行修改和完善。

三、图书内容与形式的设计

(一)图书内容设计

图书内容设计指对相应精神文化作品概貌的设计、图书主题设计和体裁设计。

1. 主题设计

确定该图书中需要为哪些读者提供信息及提供什么样的信息,对图书定性、定量。

2. 体裁设计

根据读者接受程度,确定提供知识信息的具体方式。

(二)图书形式设计

1. 方式

(1)一级论证:直接由全社选题论证会分析选题的价值、可行性及社会效益,筛选选题,形成计划。

(2)分级论证:先组织编辑室论证,初步筛选,形成部门选题计划,再提交全社论证会讨论。

2. 内容

(1)精神文化价值判断:①引导性;②独创性。

(2)市场适应性判断:①针对性;②前瞻性。

(3)效益判断。最大追求是达到社会效益与经济效益的最佳结合。

(4)可行性判断。

3. 选题的优化

(1)使选题的清晰度进一步提高,可操作性进一步增强。

(2)由市场变化,适时修改、补充、调整。

(3)还要不断努力提高选题的智慧含量。

选题优化是由一定的编辑思想而形成的选题的有机组合,由出版单位根据方针、本单位专业分工范围及出版资源条件,综合分析读者需要和市场情况,对设计采用的选题进行梳理和筛选后编制而成。

4. 内容与类型

(1)内容。①总则:说明出版方针、目标、规模重点,对入列选题做分类统计。②列题:用表格将类别选题名称、内容简介、拟约或已约作者姓名及单位、主要读者交稿日等分别列出。按范围分综合性和专项性;按时间分长期、年度;按主体分国家有关部门、数家、一家。

(2)结构。选题的知识、层次、功能、读者、效益结构(5个)。

(3)优化。使各类选题在计划中保持合理的比例关系。

(4)特点。整体性、指导性、稳定性、灵活性。

(5)制订与调整。由社长或总编辑会同相关部门提出总体构思(指导思想、整体目标规模品种等),经反复分析论证后,确定的选题即可整理、汇总,形成选题计划,然后报送主管部审批。然后组稿。

(6)方式。个别约稿;社会征稿;群体集稿。

(7)步骤。①准备:深入研究选题、制订组稿方案、物色合适作者;②联系作者;③审读,编撰大纲和样稿;④确定约稿关系。

(8)落实。①当好作者参谋;②全心全意做好服务工作。

第二节 图书编辑

图书编辑是编辑职业的一种,主要工作任务是根据市场需求策划选题,或者根据公司要求策划选题,然后根据选题要求寻找合适的编委,约稿、审稿、校对并组稿出版。图书编辑有很多种,如教辅编辑、畅销书编辑、文史哲编辑等。

对于近现代图书出版社图书编辑的要求一般如下:①文字功底好,有图书编辑及组稿经验,中文专业为好;②有创新思维,接受事物快,诚实肯干;③教辅编辑和专业书籍编辑要求有一定的专业知识;④有一定的电脑操作水平,能够使用一些作图、文字编辑工具,熟悉网络。

我国的出版事业是中国共产党领导的社会主义事业的一个重要组成部分。编辑工作是整个近现代图书出版社工作的中心环节,在社会主义市场经济条件下仍然如此。编辑工作的质量决定出版物的质量,是实现图书社会效益和经济效益的基础。市场对编辑工作有积极和消极两方面的影响,编辑工作既要适应市场,以多方面、多层次的优质出版物满足读者需要,又不能片面地追逐市场,以市场为唯一导向,降低工作的要求和出版物的品位。要在社会主义市场经济条件下探索出版业发展的规律,不断有所发现,有所创造,有所前进。

近现代图书出版社编辑的工作必须坚持为人民服务、为社会主义服务的方向,贯彻百花齐放、百家争鸣、古为今用、洋为中用的方针,坚持以马克思列宁主义、毛泽东思想和邓小平理论、"三个代表"重要思想为指导,传播和积累一切有益于提高国民素质、有益于经济发展和社会全面进步的科学技术和文化知识,弘扬民族优秀文化,促进国际文化交流,丰富人们的精神生活,为建设社会主义物质文明和精神文明服务。落实编辑工作的方针、任务,必须坚持党的基本路线和基本方针,要讲政治,树立全局观念,正确处理好改革、发展和稳定的关系；坚持以社会效益为最高准则，实现社会效益与经济效益的最佳结合；坚持质量第一的原则；坚持以科学的理论武装人，以正确的舆论引导人，以高尚的精神塑造人，以优秀的作品鼓舞人，为社会主义现代化建设提供智力支持、精神动力和舆论环境。

近现代图书出版社编辑的工作不是简单的技术工作，有其自身的规律。编辑学是一门独立的学科。要在选题、组稿、审稿、加工整理、整体设计等编辑实践中探索、总结它的规律性，并以此指导实践活动，如此循环往复，逐步建立和完善编辑学理论，才能使编辑工作不致成为盲目的实践，而成为自觉创造性的劳动。

近现代图书出版社编辑的工作是一项系统工程。各环节相互联系、制约和促进，具有严密的整体性，而每一环节又具有相对的独立性。各环节中有许多工序，相互之间同样具有制约性和相对独立性。一个环节、工序的工作影响着另一个或几个环节、工序乃至全部编辑工作。这就既要从宏观上把握编辑工作的整体性，又要在微观上抓好每一个环节、工序的工作，处理好局部和全局的关系。要用严密的制度规范各自的职责和相互关系，使整个编辑工作协调一致，高效率运转。

近现代图书出版社编辑的工作是一项高尚、光荣的工作，又是艰苦、细致的劳动。编辑人员要具有崇高的职业道德，包括无私奉献的品德、开拓进取的精神、敬业乐业的责任感和使命感、廉正奉公的精神、严谨认真的态度、一丝不苟的作风，还要具有广博的学识和专业修养，至少熟练掌握一门外语，并不间断地学习和汲取新的知识，以适应现代编辑工作的需要。

编辑工作不单纯是个体作业，它是个体和集体的积极性、创造性的结合，每项成果都凝聚着集体的智慧。因此，做好编辑工作，不仅要有一批人才，有一支优秀的编辑队伍，还要有集合人才的凝聚力，组成团结和谐的编辑工作的集体。

近现代图书出版社的编辑人员和作者的关系是同志式的互助合作关系。编辑人员必须依靠作者，尊重作者，与作者建立真诚的友谊。出版社要以自己的出书特色、优势和坚持不懈的工作，发现、吸引和团结作者，形成一支优秀的作者队伍。它同一支优秀的编辑队伍相配合，是出版优质高效图书的基础。

近现代图书出版社的编辑必须真诚地为读者服务，广泛地、经常地征求读者意见，同他们保持密切联系。在工作中要为读者着想，注意各层次读者不同的阅读需要和阅读兴趣，充分满足读者的正当读书要求，引导他们的欣赏趣味，提高他们的鉴赏能力，从而在出版社周围形成一支稳定的读者群。

在高新科技的条件下，编辑的工作手段日趋现代化，电脑及信息网络与编辑工作各环节的关系越来越密切。因此，编辑人员要能熟练使用电脑，掌握电子知识，懂得使用各种软件，并注意研究解决编辑工作应用高新科技中出现的新情况和新问题。

广义的审稿是对稿件进行审读、评价、选择并通过加工整理使决定采用的稿件达到出版水平的编辑活动，包括审读、审改和审定等；狭义的审稿指编辑对稿件进行审读、评价，决定取舍，并对其提出修改要求和建议的活动。

通过把关，决定取舍，提高质量，让有益社会的图书面世，防止低劣作品出版，对社会、读者、作者负责，这是实施选题具体步骤和进行稿件加工整理的前提条件,也是出版工作者担负的最重要的职责,还可发现创作人才,扩大作者队伍。

一、审稿制度

有两种:国家形象出版性质管理的;出版单位内部实行的三审制。

(一)三审制的程序

初审—复审—终审。由下到上循序递进,前对后负责并以本审计的意见为后一审级的审稿提供基础,后对前制约并以本审计的意见对前一审级的审稿结果做出评判和补充。如不能解决,应增加审次和人数。

(二)三审制的基本要求

初审,应由具有编辑职称或具备一定条件的助理编辑人员担任;复审,应由具有正、副编审职称的社长、总编辑或由社长、总编辑指定的具有正、副编审职称的人员担任。三个环节缺一不可。三审环节中,任何两个环节的审稿工作不能同时由一人担任。

(三)三审制的作用

1.特点

(1)就程序而言,从编辑到编辑室主任再到总编的三审制,从下级到上级的递进,兼具服从和制约。

(2)就目标而言,每一审级的工作重点不同,具备后督察前和不同审级相互补充的特点。

2.作用

以分级制度力求保证对于稿件判断、评价的客观性,最大限度避免由某级审稿者知识不足和责任心不强和工作疏漏而导致的偏差、失误。

(四)三审制各审级的任务

1.初审

在通读全稿的基础上,对稿件政治导向、思想倾向和价值,稿件的具体内容、体例、文字等进行全面审查和研究。

(1)对稿件的优缺点进行分析,对稿件的质量做出评价,对非组稿应对其社会效益和经济效益进行预估。

(2)以审稿意见形式表明可否采用,是否需退修、外审等。

(3)报送复审、终审。(若退修还要提出退修方案)初审者只有对全部稿件进行认真审读,才能对其做出客观的评价。

2.复审

(1)通读。

(2)对初审者的意见进行审核、判断,表明自己认同、反对或补充或存疑的态度。

(3)解决初审者提出的问题,对不合要求的初审可要求其返工,对退修意见表明态度。

3.终审

(1)审查稿件的政治导向,看其是否违法,是否有悖精神文明建设、社会道德,是否具有学术、文化艺术价值,是否可产生社会效益和经济效益。

(2)从本单位出发,综合考虑,避免重复出版、毫无特色。

二、外审

本单位无法解决时,将稿件送到本单位以外的专家或有关部门审读。

目的是准确评价,避免错误,以提高图书质量。

外审意见只供本社决策者参考,不能作为最终决定。外审者必须是专业人员。重点解决无法判断的问题。

过程:编辑提出送审报告,经编辑室主任签发提交总编辑室审批。

报告内容包括:原稿和作者的基本情况、编辑对原稿的看法,需请外审解决的问题,进行外审的原因、要求,拟请人选、外审费用标准等。

三、稿件质量评价

1.政治性

看稿件中的政治立场、观点倾向包括涉及政党、国家、高级领导人、外交、民族、宗教等问题。

2.思想性

稿件中反映的思想内容和思想倾向,看其是否有时与政治性相联系。基要:坚持以科学的理论武装人,以正确的舆论引导人,以高尚的精神塑造人,以优秀的作品鼓舞人,为精神文明建设服务。

3.科学性

评价稿件反映客观失误的真实性和准确性。警惕伪科学。

4.知识性

评价稿件所包含知识信息的容量与价值。基要:合乎科学。

5.创造性

评价稿件在内容形式上的创新特点,包括理论创新、技术创新、艺术创新等。

6. 稳定性

看稿件所包含知识信息的长时效问题。

7. 艺术性

看稿件对读者产生审美感染力的程度。构思具有创意，语言文字或艺术手法技巧臻于完美。

第三节 图书整体设计

图书整体设计的核心是设计，而设计的核心是创意。创意则需思考图书的形式意味、视觉想象、文化意蕴、材料工艺等。图书整体设计是对图书载体的工艺性设计，也是对图书载体的艺术性设计。整体设计是对书稿内容、主题及包括塑造形象、动作、构图、色彩笔法、技巧等一切思想性和技法性内容的筹划过程。图书的整体设计要求在有限的空间(封面、版面)里，把构成图书的各种要素——文字字体、图片图形、线条线框、颜色色块等诸因素，根据特定内容的需要进行组合排列，按照造型艺术的原理，把构思与计划以视觉形式表达出来。整体设计的计划应与书稿的内容、性质相匹配，又要与印刷工艺要求相适应。对书稿的每一种构思及每一个设计行为都是书籍构成的外在和内在、整体和局部、文字传达与图像传播及工艺兑现的一系列探索过程。

整体设计不仅包括封面设计，也包括版面设计，二者不可分割，这一点是近现代书籍设计的重要理念。整体设计与一般的绘画创作不同。整体设计工作结束后，设计者的作品只是一种方案，它不是最终完成的艺术品，后面还需要经过制作、印刷、印后加工等生产环节，通过用纸张及各种装帧材料、印装工艺而物化成为具有物质形态的图书。书籍的整体设计及最终的形态材质、效果、质量，必须依赖于材料、制作、印刷及印后加工技术。所以，书籍的出版工作是一个系统工程。

在设计封面的时候要注意：

(1)书名是设计创意的核心。书名在封面上是用无言的、充满形式意味的文字符号向读者发出的无声呼唤。它是书籍的心灵之窗，处于书籍封面设计的关键部位，集中表达着书籍装帧的功能目标和风格意趣。书名是视觉要点，是读者关注的中心，是表达情感的符号。书籍封面设计的一切设计都应该围绕着书名的字体、字号、位置、色彩、变化等来展开。

(2)图案纹样、图片、色彩的存在是为了烘托书名。

(3)材料。封面往往采用铜版纸或者特种纸。特种纸具有各种各样的肌理和纹路，纸张的柔软与坚挺、光滑与粗涩、轻薄与厚重，在读者触摸时都会对读者的心理产生不同的影响，与视觉感官融合在一起，让读者产生丰富多彩的美感。

(4)印后加工技术(覆膜、上光、烫印)。印后加工技术往往对书籍印品的最终质量和效果起着非常关键的作用，它虽然不能改变印刷图文的色彩，却能极大地提高印品的艺术效果，赋予印品以新的功能，能成为印品增值和促销的重要手段。

在设计版面的时候要注意：书籍的开本、版心和图片尺寸是否协调，设计风格是否贯穿全书始终，包括扉页和附录版面是否易读，是否和书籍内容相适应(具体到字号、行距、行长之间的关系,左右两边整齐或者只有左边整齐等);字体是否适应书籍的内容和风格;设计方案的执行情况如何(文字与图片的关系、注释和脚注等是否便于查找);版面的字安排是否一目了然、合适和符合目的(文字的醒目、不同字体的混合是否恰当、标题、页码、书眉等的安排是否一目了解);目录、索引、表格和公式的版面质量是否与立体部分相称,字距是否与字的大小和字的风格相适应(在正文字体、标题字体和书名字体方面,标点符号和其他专门符号的字距是否合适);字距是否均匀地隔开;标题的断行是否符合文字的含义;字体的醒目是否与字体的风格相适应;词的转行是否明智;是否出现过多。只有左边整齐的版面,右边是否和谐。

如果在设计版面的时候,要想使其更具实用性,就需要注意:

(1)减轻读者的视力疲劳。人眼最大有效视角度左右为160度,上下为65度,最适合眼球肌肉移动的视角度左右为114度,上下为60度。所以,版式设计时,人的最佳视域应以100mm左右(相当于27个10.5磅字)为宜。有实验表明,行长超过120mm,阅读速度将会降低5%。

(2)顺应读者心理。让读者在自然而然的视线的流动中,轻松、流畅、舒服地阅读图书的内容。

(3)诱导读者阅读。如设计中对强调与放松、密集与疏朗、实在与空白、对比与协调、黑白灰及点线面的运用。

图书整体设计,是对图书载体的艺术性、工艺性设计,包括图书外部装帧设计和内文版式设计。提高图书的整体设计质量,是提高图书质量的重要方面。因此,《图书质量保障体系》规定:“出版社每出一种书,都要指定一名具有相应专业职称的编辑为责任设计编辑,主要负责提出图书的整体设计方案、具体设计或对委托他人设计的方案和设计的成品质量进行把关。图书的整体设计也要严格执行责任设计编辑、编辑室主任、社长或总编辑(副社长或副总编辑)三级审核制度。”

图书整体设计的主要目的是使图书具有最佳视觉效果。它要求在有限的空间(封面、版面)里,按照造型艺术的原理,把构成图书的各种要素组合成既与书稿的内容、性质相匹配,又与印制工艺要求相适应的设计方案。优秀的整体设计,不但能保证顺利展现工艺效果,而且能增加图书吸引读者的艺术魅力并保护其长期流传。

图书整体设计中的外部装帧设计,包括图书形态设计、图书美术设计、图书装帧制作工艺设计等。其中,图书形态设计包括图书开本的选择与图书结构、装订样式的确定,图书美术设计包括封面、护封、环衬、扉页、插页等的设计,图书装帧制作工艺设计包括印刷工艺运用和材料的选择。图书整体设计中的内文版式设计,包括字体和字级的选择、版心的确定、文字的排式以及图文在版面上的编排等。树立正确的整体设计观念,是现代书籍装帧艺术的重要特征。

图书的整体设计,必须符合下列要求:

一、整体性

图书整体设计必须与图书出版过程中的其他环节紧密配合、协调一致,更要在工艺选择、技术要求和艺术构思等方面具体体现出这种配合与协调。如在对材料、工艺、技术等做选择和确定时,必须体现配套、互补、协调的原则;在艺术构思时，必须体现图书形式与内容的统一、审美价值和使用价值的统一、设计创意艺术化与图书主题内涵抽象化的统一等。

二、艺术性

图书整体设计应具有独立的审美价值。艺术性原则不仅要求整体设计充分体现艺术特点和独特创意，而且要求其具有一定的艺术风格。这种风格，既要体现图书的内在内容、图书的性质和门类，也要体现一定的时代特色和民族特色。

三、实用性

这一原则要求图书整体设计必须充分考虑不同层次读者使用不同类别图书的便利，充分考虑读者经济上的承受能力与审美需求，充分考虑审美效果对提高读者阅读兴趣的导向作用。

四、经济性

图书整体设计不仅必须充分考虑图书阅读和鉴赏的实际效果，而且必须兼顾社会效益的比差：一是所需资金投入与可产生的实际社会效益的比差；二是设计方案导致的图书定价与读者的承受心理、承受能力的比差。图书整体设计的这些要求，是靠编辑的设计思想体现出来的。只有通过编辑人员富有创造性的劳动，这些原则才能得到充分的体现。

第四节 图书校对

校对是近现代图书出版社最重要的出版条件。古代校雠学将“校勘”的目的界定为:改正书面材料上的错误。多出善本,不出错本,是我国出版工作的优良传统。做好校对工作,是出善本、不出错本的基本条件,这是既对作者负责、又对读者负责,功在近现代、利及后人的事。

图书是一种思想文化信息的载体,其作用在于将负载的信息传递给读者,并作为文化遗产积累传承。实现文化传播和文化积累,最重要的条件是“保真”,即准确无误,完整无缺,失真的、残缺的信息是没有传播和积累价值的。图书是通过文字符号传递和贮存信息的,信息的“保真”,有赖于字、词乃至标点符号使用的准确无误。真理与谬误之间,有时只是一字一点之差。

图书出版过程存在的价值,在于以作者的原创作品为对象,在作者劳动成果的基础上进行再创造,这种再创造贯穿图书编校工作的全过程。在校对过程中,再创造的表现有二:其一,消灭书稿在录排过程出现的错漏,保证作者劳动成果不错、不漏地转换成印刷文本;其二,发现书稿本身可能存在的错漏,弥补作者创作和编辑加工的疏漏。校对是编辑工作的重要组成部分,是特殊的编辑工作,是学识性、文字性的创造性劳动。“校对是简单劳动”的观点是错误的。校对在图书出版生产流程中,处在编辑后、印制前的关键环节,是图书质量保障体系的最后防线。

综上所述,关于校对工作在出版工作中的地位和作用,可以做如下界定:校对工作是图书出版生产流程中的独立工序,其作用是将文字差错和其他差错消灭在图书出版之前,从而保证图书的传播和积累价值,因而是最重要的出版条件。编辑工作和校对工作,相互衔接又相互独立,共同构筑图书质量保障体系。

一、校对的基本方法

校对的基本方法有4种:对校法、本校法、他校法、理校法。这四种方法是古籍校雠的基本方法,完全适用于现代图书校对工作,因而也是现代校对的基本方法。

(一)对校法

对校法的特点就是"照本改字,不讹不漏"。对校的客体有两个,原稿和校样。对校法采用比照原稿核对校样的方法,通过查找异同而发现差错。现代校对的折校、点校、读校、核红等技术,都属于对校法。发现了校样上与原稿的相异之处,原则上应依据原稿改正校样。

(二)本校法

本校法的特点是"定本子之是非",现代校对的"本子"即原稿。本校的客体只有一个,就是改正录排错漏后的校样。本校法采用通读检查的方法,通过文中的内在矛盾发现问题,然后进行是非判断,从而发现原稿的差错。发现了原稿的差错,用铅笔在校样上标注,提出改正差错的建议,同时填写《校对质疑表》,向编辑质疑。校是非不同于文字加工,只管改错、补漏、删重,而不做文字润色。

(三)他校法

他校法的特点是"以他书校本书"。"他书"指其他的书。"改必有据"是校对改错的重要原则。在通读检查中发现了问题,又难以判断是非时,就得去查检相关的权威工具书或权威著作,找到判断是非、改正错误的可靠依据。

(四)理校法

理校法的特点是推理判断。在发现疑问又找不到可靠根据时,即应进行推理判断,包括分析字词含义、进行逻辑推理等。

校对活动是校对主体与客体矛盾运动的过程,一方面,客体存在讹误,一方面,主体要改正讹误,两者相互对立又相互依存。只有当客体的讹误得到改正,主体查错正误的目标得以实现,校对活动的矛盾运动才会终止。校对又是群体活动,校对主体的多元性和校对过程的集体交叉性,不可避免地会产生校对主体之间的矛盾,只有解决好矛盾,协调好关系,才能形成合力,使校对活动健康开展,从而保证校对工作的质量。而要解决矛盾,协调关系,形成合力,就必须建立和完善校对工作制度。

二、校对工作的基本制度

(一)三校一读及样书检查

"三校"指三个校次,"一读"即终校改版后的通读检查。由于校对客体差错的复杂性和出错原因的多样性,"校书如扫落叶",校对活动不可能"毕其功于一役",必须投入必要的校对工作量(校次)。"三校一读"是《图书质量保障体系》规定的必须坚持的最低限度的校次；重要书稿和校对难度大的书稿，如经典著作、文件、辞书、古籍、学术著作、教科书及教辅读物等，还应相应增加校次。作者校对、编辑校对不能顶替校次，交给他们校对的校样是"副样"，"正样"仍由校对人员校对，三个校次都必须由经过专业训练的校对人员来完成。计算机校对如果使用得当，可以顶替一个校次。三校改版后打出的校样，不能算作付印清样，还必须进行一次通读检查，通读检查后改版打出的校样，才能算作付印清样。

为了保证校对的质量，凡遇到如下情况之一的校样，校对者有权提出增加1~2个校次：①初校样的差错率超过15/10000的；②编辑发排的书稿没有齐、清、定，而在校样上修改的页码超过1/3的；③终校样的差错超过3/10000的。增加校次的决定权属于专业校对机构。

样书检查，指图书成批装订前先装订几本样书分别由责任编辑、责任校对检查，经检查确认无误后，方能成批装订出厂。

（二）校对主体多元化与专业化相结合

现代校对的特征之一，是校对主体多元化与专业化相结合。所谓主体多元化，是指作者、编者和专职校对员共同参与校对，还有社外人员参与校对活动，从而形成校对主体群。作者校对属于自校，编辑校对属于半自校。它们共同的优势是：对书稿内容的把握，对相关知识的熟悉。共同的劣势是：因习惯性阅读，难以感知个体字符的差异，因思维定式。往往对差错"熟视无睹"。社外校对人员，技术、经验、心态和责任心一般不如社内专职校对员。因此，校对主体多元化必须与专业化相结合，并且以社内专职校对员为校对主体群的核心。所谓以社内专职校对员为核心,有三层意思:其一,出版社必须建立专业校对机构,对全社校对工作进行统一组织和全程监控;其二,出版社必须配备足够的专职校对员(编校人员配备的科学比例为3:1,不应少于5:1),并由专职校对员担任责任校对;其三,必须由中级以上职称的校对员或工作认真、经验丰富的其他校对员来做三校,把好终校关。

(三)集体交叉校对与责任校对相结合

现代校对的特征之二,是集体交叉校对与责任校对相结合。集体交叉校对,是指由不同职级、不同专长的校对者分别负责不同校次的校对,一般不得采取一人包校的做法。集体交叉校对,可以避免一人包校的知识局限和反复校读导致的对差错的"熟视无睹",有利于最大限度地消灭差错。同时,集体交叉校对还是一种相互检查、相互监督的有效方式。但是,集体交叉校对也存在不足,主要是校对者对差错的认定不会完全一致,大部头书稿分章集体交叉校对,还会造成版面格式处理的不统一。因此,在集体交叉校对的基础上,还必须实行责任校对制。责任校对是本书校对工作的总责任人和总协调员,参与本书的校对全过程,承担终校或通读检查(通读检查也可以由责任编辑承担)以及文字技术整理,协助责任编辑解决校对疑问,并最后核对付印清样。责任校对应在书名页上署名,以示对本书的校对质量负责。

(四)校对质疑与编辑排疑相结合

校对质疑、编辑排疑,是现代校是非的基本形式。校对员的校是非,不同于编辑的文字加工,两者有质的区别。校是非的任务是改错,即通常说的清除硬伤,不做篇章布局调整、思想内容提升和文字润色的工作。对于明显的错字、别字、多字、漏字、错简字、错繁字、互倒、异体字、旧字形、非规范的异形词,专名错误,不符合国家规范标准的标点符号用法、数字用法、量和单位名称及符号书写,不符合设计要求和规范的版面格式,校对员应当予以改正,但改后须经责任编辑过目认定。

发现了语法错误、逻辑错误以及事实性、知识性、政治性错误,校对员无权修改,只能用灰色铅笔标注,表示质疑,并且提出修改建议,填写《校对质疑表》,连同校样由责任校对送给责任编辑排疑。责任编辑应当认真地对待校对质疑,虚心采纳正确的修改建议。对于认定的修改建议,用色笔圈画表示照此修改;对于不拟采纳的修改建议,则打×表示删去(不要用色笔涂抹,保留校对质疑笔迹,以备需要时查检)。要建立激励机制,鼓励校对员质疑,校对员质疑经责任编辑认定后,应当给予质疑者适当的奖励,其《校对质疑表》应当存入个人业务档案,作为考察校对员业务水平、晋升专业职称的依据。

三、校对的基本功能

校对的基本功能有两种,分别是校异同和校是非。这是由校对的性质决定的。“校对”是个集合概念,包含着“校”(校是非)和“对”(校异同)的双重含义,应当全面地认识和实现校对的功能。

“校异同”的要旨在“异同”,是指将校样跟原稿逐字逐句比照,通过查找两者异同的方法,发现并改正录排错漏。其功能:保证原稿不错、不漏地转换成印刷文本。

“校是非”的要旨在“是非”,是指通过对原稿内在矛盾的是非判断,发现并改正原稿可能存在的错漏。其功能:弥补编辑工作的疏漏,使书稿趋于完善。

校对的两个基本功能,同样重要,不可偏废。不校异同,则不能保证作者的劳动成果准确而完整地转换;而不校是非,则不能发现和弥补作者创作和编辑加工的疏漏。偏废校异同或者偏废校是非,后果是一样的,都会造成谬误流传,损害作者,贻误读者。

传统校对以校异同为主要功能。传统校对有两个客体:一个是加工定稿后的编辑发排文本,通称"原稿";一个是依据原稿排字拼版打印的样张,通称"校样"。校对的首要任务是将校样与原稿逐字、逐句比照,检查两者的异同,发现了"异",即校样上与原稿不同之处,原则上依据原稿改正校样。这样做的目的是消灭排字拼版过程的错漏,保证排版与原稿完全一致。在此基础上,再进行通读检查,发现原稿可能存在的错漏,然后以质疑形式向编辑提出。

近年来,客观形势发生了变化,多数作者交给编辑的不再是手写书稿,而是一张磁盘,磁盘打印稿将传统的原稿与校样合二而一了,也将录排差错与写作差错合二而一了。编辑在磁盘打印稿上加工,排版人员根据编辑的加工修改磁盘稿,再按照版式设计要求进行版式转换,打印出来就是校样。这个校样除编辑加工修改的部分以外,与磁盘稿并无二致。

因此,校样上可能存在五类差错:①作者录入差错;②作者写作差错;③编辑错改;④排版人员修改磁盘稿时的漏改、错改;⑤版式转换过程中可能发生的内容丢失和错乱。这五类差错除第四类、第五类差错可以用核红、对校方法发现外,均以是非形式隐藏在校样的字里行间。校对主体实际上是进行“无原稿校对”操作，通过是非判断发现差错。“校是非”上升为校对的主要功能。

现代校对的校是非，有五个方面的任务：①发现并改正常见错别字；②发现并改正违反语言文字、标点符号、数字、量和单位等使用的国家规范标准的错误；③发现并改正违反语法规则和逻辑规律的错误；④发现并改正事实性、知识性和政治性错误；⑤做好版面格式规范统一的工作。总之，凡是非录排造成的、用机械比照发现不了的差错，都属于“校是非”的范畴。

图书质量保障体系有两个主体：编辑和校对。编辑清源，校对净后，共同构筑图书质量保障体系。上述“校是非”的任务①②⑤是校对员的职责，③④两类错误，本应在编辑加工过程中予以消灭，因而不应让校对员承担责任。但要建立激励机制，鼓励校对员发现这两类错误，并以质疑的形式向责任编辑提出改正建议，以求达到消灭一切差错的目的。

要树立现代校对工作的理念。现代校对工作不能只“对原稿负责”，而应成为“编辑工作的必要延续”，负起协助编辑“把一切差错消灭在图书出版之前”的责任，即在消灭录排差错的基础上“校是非”，发现并改正原稿可能存在的错漏，从而发挥“对编辑工作的补充和完善”的作用。校对工作者必须与时俱进，树立“对读者负责，对社会负责”的现代校对理念。

四、校对的原则

1. 校对稿件要忠实于原稿，依据原稿逐一核对校样。

2. 注意发现原稿在撰写或编辑加工中的遗留问题，如要修改原稿，应与编辑联系。

3. 学报的差错率控制在万分之一以下，标题、书眉、人名、地名、封面等重要部分杜绝发生错误。

4. 正确使用校对符号，改校处要勾画清晰、醒目。

五、校对的程序

编辑毛校和一校，作者二校，编辑三校，责任编辑总校，主编或副主编核红、校对。

六、校对的内容

1. 检查封面、版权页、目次页上所著录的项目是否齐全、正确和规范。

2. 消除一切错字、别字、多余字，以及字体、字号的错误。

3. 消除标点符号的错误。

4. 检查外文字母、量和单位符号的字体（黑、白体，正、斜体等），字号，文种（英、俄、希等），大、小写，上、下角标是否正确。

5. 检查图、表、数学式、化学式是否有文字或符号的错误，它们的内容与行文中提及的是否吻合，版式是否符合要求。

6. 检查外文单词，数字及数字与符号的组合的转行是否符合规定。

7. 检查注释和参考文献序号是否与正文所标注的一致，参考文献的著录格式、项目是否齐全、正确和规范。

8. 检查全刊的页码是否连续，数学式、插图、表格的序号是否连续，与行文中提及的是否相符。

9. 检查全文的标题层次是否合理，标号是否连续；文题、篇首页页码和作者姓名及次序是否与目次页上一致。

10.检查居中、接排、空行、顶格、缩格、正线、反线等版式上存在的问题。

七、校对的目的

校对是保证图书或杂志质量的重要环节,是对编辑工作的继续和补充。校对必须高度负责,认真细致,树立严谨周密、一丝不苟的作风。校对应根据原稿,核对并清除校样上的差错,改正在政治思想上和科学性上遗留的不准确的提法和词句,清除语法修辞上遗留的差错和毛病,清除错别字,解决和消除任何疑点。

八、校对的标准

编辑负责校对、印刷工作的组织和实施,及时送取稿件和校样,做好与印刷厂的业务联系。校对以原稿为准,不得在校样上随意增补、删减,发现原稿错误及编辑处理的疏漏和失误应做出标示,由编辑对原稿、校样予以处理。若作者提出修改时,要尽量坚持不动版面、不动字数的原则,减少改版的麻烦。准确使用校对符号,消灭错字,补齐遗漏,纠正版式错误,严格执行三校加点校制度,保证期刊质量。校对以对校、折校为主,根据实际情况,部分稿件由作者校对一次,校后由编辑对格式、质量复校一次。校对时要注意版面的规范、美观,排版的合理。校对差错率要保持在万分之二以下。

遵循校对的程序,交叉三校制。①一校(作者、责任编辑各校一次):侧重对原稿校对,力求校样与原稿的一致,纠正版式错误,对有疑问处做出标示。校后通读一遍。要求作者不能对原稿做大的改动。②二校(责任编辑、执行编辑各校一次):校对时要确定一校校出的错误已改正,纠正版式错误,并对文稿中的疑问予以处理,填补遗缺,统一体例。③三校(执行编辑校一次):校对时要确定二校校出的错误已改正,对校样进行综合检查,清理差错,确定版面格式。④点校:对三校校出的错误予以核对,并对文章、版式做最后通校,确保清样无差错。⑤校对签名。校对者应在每次校样上签名,并标明校次,以防出错。⑥责任编辑甩开原稿和三校样,对清样进行阅读,寻找差错。在读样后,进行总体扫描,检查有无错字、漏字,检查表格与插图是否合乎规范,字体、字号使用是否正确等。

校对内容:检查多、漏、错文字及标点、符号错误;核对标题、署名,文中人名、地名、数字、公式;检查版面、格式,图表位置及表题、图题,字体、字号、字距和行距;检查标题位置、层次及转行,注释、参考文献及序号,核对中英文目录及页码是否与文章一致;检查目录及对应的页码、页眉、页码顺序、版权,封面、封二、封三、封底的文字、刊号、年月期号。

九、校对工作的基本要求

在当下市场经济的大潮中,校对人员要秉持不为物欲、名利、金钱所左右,不功利、不浮躁,甘于平凡、甘于奉献的精神,诚实做人,踏实做事,不断提高自身的修养和职业素质。在业务上要具备"六心",即初心、专心、用心、耐心、虚心、有心。

1.初心

《严华经》中有一句话,"不忘初心,方得始终",意思是说,一个人做事,要始终保持最初的信念,不被外界的诱惑所干扰,不被困难所羁绊,才能获得成功。作为校对人员,应该不忘却当初入职时的信念,不断克服工作中的困难,抵制社会中的诱惑，不忘却开始时的坚持与信仰，不忘却困难时的责任与担当，不会因为走得太远，而忘却自己的出发点。在工作中，应不断磨炼自我，踏实做好本职工作。

2.专心

校对人员在校对、整理稿件的时候，要保持专心致志、一丝不苟的工作态度，不为周围嘈杂的声音所干扰，不因一时的疏忽大意，让错字、错词，从眼皮底下溜走，造成工作中不必要的失误。

3.用心

对工作要一心一意，用心体会。为图快，做事浮皮潦草，干事情不深入，是工作中的大忌。应咬文嚼字，用一双“火眼金睛”，发现文稿中存在的显性和隐性的差错。在工作中要勤问、勤查、勤记、勤于思考，总结出适合自己的工作方法，使工作做得又快又好。

4.耐心

校对过程是重复、繁杂、琐碎的，有时顾及不到，就会出现差错，特别是在急件多、周期短，周期与质量有冲突的情况下，校对人员更应去除焦躁，放平心态，将质量放在首位，坚持三审三校的出版原则。当发现问题时，要不怕麻烦，认真、耐心地提出自己的疑问，并让编辑与作者解决。

5.虚心

常保持一颗虚心向学之心，对校对工作是十分有益的。当下知识更新速度快，专业性图书时效强，校对在工作中，经常会遇到不懂和不会的东西，这时候就应该保持虚心的态度，向他人请教，这不但可以将问题快速地解决，而且还可以丰富自己的知识，提高自己的素养，并增进同事之间的感情与友谊。

6.有心

在校对工作和平时的生活中，应做到有心，成为一个有心人，善于观察生活中的事物，把生活作为最好的老师。比如，日常多阅读报纸、杂志，收听新闻广播，收看《中国古诗词大会》《汉字听写大会》《中国成语大会》等相关的电视节目，并从中汲取营养，不断提高自己的文化素养，做合格的校对工作者。

十、校对工作的根基

有人将校对比作“杂家”，也有人认为校对应该是文字规范的“专家”，通俗一点来说，校对的大脑更像存储知识的杂货铺。在知识的杂货铺里，文史哲、数理化、科学技术，古往今来，五花八门，无所不包。一旦到工作中，就可以将头脑中的知识随时提取出来，不用时，也能将头脑中的知识分门别类进行存储，形成属于自己的知识体系。在平时也可以多阅读书籍，多增长知识，将工作中学到的新知识，及时补充到头脑中去，不断丰富自己的知识储备，这是做好校对工作的根基。

在形成自己知识体系的同时，校对应该多留心文稿中的差错，多积累一些文化知识。例如文稿中有时会出现将建筑大师童寯写成童均，将明朝的嘉靖写成清朝的嘉庆等，这些都需要校对人员通过平时的知识积累，发现其中的差错，才能做到“锱铢必较”。

我们在工作中也会遇到各种问题，除了要动用自己的知识储备外，也应该勤查字典，熟悉并掌握出版工作中要用到的数字、文字、拼音、标点符号等规范要求，善于运用互联网等多种手段，这对解决工作中的问题是大有帮助的。

十一、校对工作的保障

培养与人沟通的能力。有的稿件，稿量很大，时间要求紧，这就需要校对人员善于协作配合，来保证工作的顺利完成。校对也应该善于与编辑进行沟通，因为编辑对稿件的内容和专业比较了解，而校对善于对稿件中的字词、语句等方面进行把握，两者可以从不同的角度加以判断，能够发现稿件中存在的疏漏，共同把好编校质量关，这对提高图书的质量是大有裨益的。

培养勤于思考的能力。校对人员平时应该多动脑筋，勤于思考。在多年的工作中，笔者总结出：前文与后文、文与图、文与表、图与表、文与呼应注释的同一提法出现差异的比对判断方法，是发现问题的有效方法。日常多关心时事，有助于发现文稿中存在的政治问题；阅读时多注意文法的修饰，有助于发现文稿中语法逻辑方面的差错。养成勤于思考的习惯，增强解决问题的能力，是工作中的保障。

作为出版工作中的一员，校对人员基本素质的提高，对精品图书的出版作用不可小觑。“人才兴，则国家兴；人才旺，则行业旺。”行业和国家的发展，离不开人才的作用。我们应该用心思考，用心体会，不断提高专业素质，为出版社的发展贡献自己的力量。①

①校对的基本方法[J].新疆地方志,2008(04):48.

第五节 图书印制出版

编辑是一本书的全程操盘手,一般在一审后,就会联系美术编辑做封面,美术编辑会根据责任编辑提的要求和相关资料进行设计,设计完成后由编辑认定,编辑满意了,美术编辑进行拼版,然后出软片。

在传统出版里,版式设计一般由出版编辑人员完成,由责任编辑提出要求并最后验收。不过现在,一般版式设计也会交给美术编辑甚至责任编辑自己做。付印封面、内文软片齐了以后,一起交给出版科,包括用纸、工艺等,在流程中应该都已经确定,由出版科给印刷厂开付印单。出书以后,责任编辑还要核对样书,给作者开稿费、寄样书等。

交稿(相对于编辑来说是收稿)是整个图书出版过程的核心环节,这个环节把握好了,后续出版环节就会顺利展开,作者一定要重视。

交稿环节可以用两个专业术语来表示,分别是中耕和定稿。比如说,作者在写稿的过程中,对自己写的稿子是否符合出版要求不太有把握,或者编辑对作者写的稿子将来是否符合出版要求不太有把握,于是把写好的部分稿子给编辑先看一看,提一提意见,然后再继续写,这就是中耕。中耕可以防止作者走弯路、做无用功,也能避免作者闷头写了一大堆,最后出版不了。

定稿,就是作者觉得书稿写完了,自己也审过了,已方不需要再做修改，然后按照编辑要求准备好全部稿子。

一般情况下，按要求备齐以下一些文件的书稿才算作定稿：扉页，也叫书名作者页，紧随封面且上面有书名、作者、出版社信息的那页书稿。书名，就是投稿最后批下来的选题书名；作者，就是列选时所填的作者名字，是著、是主编、是编著要写清楚；出版社名，写投稿的出版社就可以了。

一、内容简介页（版权页）

通常情况下，一本书的内容简介放在版权页中的上方，在大多书中，有的放在书的封底、封面勒口，也有少数书省掉了内容简介。内容简介是给读者看的，读者通过它了解这本书的核心内容和精神，再决定是否继续往下看或者买不买，这是非常重要的，建议作者一定要用心写好。字数在200字左右，一般分为两段，第一段介绍书的主要内容、特色；第二段介绍适合的读者对象。写好之后，单独保存为一页Word文件，保存名称为“内容简介”。

二、序或前言

这些叫法不同，大同小异，可分开都有，也可以只有一个序。序可以请人写，也可以自己写。可以多找一些资料，进行参考，看到写得好的，就可以进行采纳，将字数控制在1000～2000字，写好之后，单独保存为一页Word文件，保存名称为“序”或“前言”。

三、目录

除了个别小说、画集，大部分图书都离不开目录。一般的目录，包含了章、节、小节三级，对Word软件比较熟悉的作者，可以在写作的时候直接设定好各级标题的格式，最后用Word把目录抽出来包含页码就可以了。不太会用Word软件的作者，只能一个个摘出来，放到一页中，做成目录页。目录做好之后，单独保存成一个名为“目录”的文件。

四、正文

目录之后从第1页一直到书稿结束的部分（不含参考文献、后记等）就叫正文。图书术语中，正文之前的统称“文前页”，正文之后的统称“文后页”。注意，正文要插入页码，而且序号必须从1开始，中间不能断号，一直到最后一页。正文写好之后，单独保存成一个名为“正文”的文件。

五、参考文献、后记等

有就有，没有就没有。参考文献就是介绍所写的书都引用了别人哪些书的内容，小说、散文等纯文学作品一般不需要，一些学术专著、教材一般都需要。注意：参考文献有标准的格式要求，可以去网上找或者翻看别人的书参考，但一定不要乱写。

交完稿之后，就可以进入编辑出版流程。一本书从收稿到最终作者拿到样书，要经过很多个流程，首先，编辑收到稿子，要交给排版厂打印成纸稿（原稿），这经手第2个人（编辑算第1个）。在打印好以后，如果编辑有空就自己看，没空就发给社外编辑逐字逐句进行审查、修改，提出疑问，经手第3个人。

社外编辑看完之后，返给编辑，编辑还要看，有问题要返给作者修改，经手第4个人。作者修改好之后，编辑检查没问题了，发给复审，经手第5个人。复审审查书稿1/4左右的内容之后，退给编辑解决问题，编辑解决好之后，发给终审，经手第6个人。

终审审查书稿1/4左右的内容之后，退给编辑解决问题，编辑解决好之后，发给总编办，登记，发稿，向国家新闻出版广电总局申请书号，经手第7个人。书稿交给排版厂的排版员进行排版，经手第8个人。排版好之后打印，和原稿一起交给校对人员，经手第9个人。

校对人员按照编辑、复审、终审留在原稿上的修改字迹对比新稿子进行核对，有问题就做出标记，核对好之后返给编辑修改、确认，然后再发排版人员修改。

这样在校对、排版、编辑之间反复三次，最终没有错误了，才能到出版环节。以上所有环节就是传说中的“三审三校”。在“三审三校”环节进行的过程中，编辑还要请设计人员设计好图书封面，经手第10个人。书稿片子出好之后，还要经手出片人员，这是第11个人，和封面片子汇到一起，发给印制员审核，经手第12个人。

印制员审核无误之后发给印刷厂开始印刷，经手第13个人。印刷好之后，工人进行装订、打包，经手第14个人。打包好的新书，拉到出版社仓库，库管员将新书入库，等待发货，将作者样书送到编辑处，经手第15个人。编辑把样书寄给作者。

到此，一本书从收稿到最终作者拿到样书，至少要在15个人（这还是很保守的统计，实际不止）、几十个环节中转来转去。任何一个环节出了问题，都会影响图书的质量和出版进度。而编辑，是所有环节的枢纽，哪个环节出了问题都要编辑处理，出了责任事故也大部分需要编辑承担。

第六节 图书营销

图书营销规模可大可小,根据实际需要决定。小的营销,可能只需要在出书以后,在媒体或网络发书评,给发行部门、图书出版年鉴等提供一些文字资料等。大的营销,有时候从书稿还没进入流程就开始运作,比如前期造势、制造新闻事件等,到出书以后的作者签售、发行推广会等,这里手段就太多了。

图书营销的方法有很多,比如在论坛里发帖子、媒体上做预告、发软性文章、网站做预售、印宣传资料、做版式包装等。不同的近现代图书出版社,对于编辑的划分有所不同。有的分得细一点,比如营销编辑只管做市场推广,组稿编辑只管收集选题,加工编辑只管交稿后的编辑加工;也有的不分那么细,一个编辑,组稿、加工、推广全部负责到底。不同分工,各有各的好处,不做细讲。

书印好,入库之后,就进入图书发行流程。大致来讲,在一个出版社里,编辑队伍和发行队伍是两支生力军,编辑负责生产,发行负责销售。不同出版社,两者人数构成比例不同,有的是重编辑轻发行,有的是轻编辑重发行,也有的两者并重。

通常情况下,发行部门会根据编辑的意见,把新书分为店销、教材、包销三种类型。店销的书主要发往全国各地的图书卖场,如图书大厦、书城、书店、书吧、网上出版社、报摊等。教材的书主要发往一些专做教材销售的经销商、代办站、学校教材征订科等。包销的书基本不向外发,等着编辑指令发往指定地区。

出版社发行部门手里通常有一大批固定合作的经销商名单,发行人员会根据业绩对其分类,比如一级经销商、二级经销商、网络经销商等。一般一些大一点的经销商对大一点的出版社的对口新书照单全收。也就是说,只要是适合其卖的新书,按照固定数量发就行了,比如50册、100册、200册。小的经销商可能要从出版社的新书目录中挑一挑,再发。现阶段,一些大一点的出版社,店销图书的主发规模在1000~6000不等,一些小的出版社就更少了。

主发阶段,编辑能起到一点推动作用,比如向发行人员推荐某一本书会好卖,可以在平均基础上多发一点,当然,这也得靠点谱才行,否则发多了就卖不下去,而后果由编辑承担。

新书发到经销商那里之后,经销商会把大部门新书继续下分到更小的经销商、支出版社,一家给三五本。剩余一小部分,就留在自己的门店中销售。

门店接到新书之后,有的会摆在专门的新书架一周或两周,再分门别类地归位摆放;也有没有新书架的,就直接类摆放。如果很快新书卖掉,出版社会订货、添货,一般两个月之内,书架上的新书还没有卖掉,这本书就悬了。门店销售是图书营销工作的主战场之一,常常硝烟弥漫,暗藏杀机,竞争力很大。

一、图书营销策划方案(一)

(一)作者营销

一本书的作者在图书领域一般会有一定的影响。我们需要围绕作者做好营销工作、宣传工作。可以让作者在媒体上做图书介绍,也可以让作者的有影响力的同行写书评。

(二)主题营销

主题营销就是围绕图书内容开展的有针对性的、主题鲜明的宣传促销活动,有利于开拓、激活潜在的图书市场,为图书营造一个更加广阔的生存空间。图书主题营销方法灵活、形式多样。比如,签名售书,利用节假日降价促销,举办有关图书知识领域的知识竞赛或者出题有奖征答,还可以举办专题知识讲座等活动。目的是让尽可能多的读者参与到主题活动中来,为图书销售创造一种主题环境。如果图书是一种教材,可以举办教材内容讲解活动,也可以举办教师培训班,为教师备课节省时间和精力,让教师把更多的时间和精力用到教学中去。因为教师是教材的讲授者,教师身后是更多的教材使用者——学生。

广告宣传是一种非常有效的营销手段,电视、报纸、杂志有着庞大的、各种层次的读者。它具有传播速度快、给人印象深刻、能激发人的购买欲望等特点,但是,费用很高。并需要详细进行销售成本预算。如《学习的革命》一书,图书出版前后在中央电视台等主要媒体大做广告,在一年多的时间里创造出销售1000多万册的佳绩,不失为一个成功的图书销售案例。

可设立主题出版社,或者在出版社显著位置设立主题区域、主题书架,并在出版社悬挂横幅或条幅突出图书主题,营造图书主题氛围,激发读者的购买欲望。

(三)读者营销

不同图书针对读者采取的营销方式会不同。比如,对高校教材的读者营销:高校教材的读者是学生,而选用教材的权利在教师手中。所以,高校教材的营销对象应该是教师而不是学生。我们应该把教材的内容梗概、特点、优点、层次、获奖情况以及作者背景、出版背景了解清楚并向教师做详细介绍。由于教材更换,教师需要大量时间重新备课,这给教师增添了麻烦,可以给教师提供售后服务,如提供课件、教师备课手册、习题库等,还可请专家为教师进行教材讲解、培训等,说服教师选用教材。

由于教师分布在不同的学校、不同的地方,教师的职业习惯不同,所以对教师进行营销十分困难。需要借助网络、短信、电话的优势,和教师进行沟通、交流,这样既便捷、高效,又避免面对面交流的某些不便,省时、省力又省钱,不失为一种好方式。

(四)网络营销

当今社会是一个信息社会,计算机应用普及,网上办公、网上传递信息、网上相互沟通与交流已成习惯。这给图书营销也增加了一种便捷的方式。网络营销的优势在于跨越时空界限,使出版物的销售范围突破地域限制和时间限制。网络的多媒体信息传播方式,集视频、音频于一体,便于读者了解图书,增强对图书的认识。网络营销一般有三种方式:一是通过ISP网络接入服务商和ICP网络信息服务商代理;二是建立自己的网站或联合其他出版社建立公共网站;三是联系网上出版社"借船出海",宣传并销售图书。

运用网络营销手段要注重介绍图书的内容、特点、特色、作者、出版时间，还可添加有关图书的评论、获奖证书、读者反馈意见等信息以吸引读者的目光，激发读者的购买欲望。

（五）客户营销

客户营销需要广泛征订、多赠送样书。我国有上千家高校图书馆，数千家公共图书馆，而图书馆的购书范围非常广，为图书的销售提供了广阔的空间。所以要广泛征订，新华出版社总店主办的《科技新书目》和《社科新书目》是图书馆信息采集的主要途径。图书馆供应商是图书馆的主要合作者，他们会为图书馆提供样书，供其采集信息，这就为出版社和图书馆之间搭建起了一座桥，方便图书馆与出版社之间的购销工作。

（六）建立营销渠道

无论多好的商品，无论顾客购买欲望多强，如果没有销售渠道，购销关系就无法实现，商品的社会价值和经济价值也无法实现，所以要建立广泛的销售渠道。建立图书销售渠道，要依图书内容选择合适的图书经销商，也可以建立自己的发行站。图书经销商的选择：国有新华出版社的信誉好、网点多，多在繁华市区，交通方便，是图书销售的主力军，也是各出版社选择经销商的首选；还有经营方式灵活，服务好，让利多的专业出版社，比如，中国建筑出版社连锁店、财经出版社、少儿出版社、计算机出版社、美术出版社等。可以根据图书内容选择信誉好的专业出版社。

（七）建立发行站

生产规模较大，出版图书品种较多，但又集中在某一专业领域的出版社可以建立自己的图书发行站。若出版社的出书范围专一,读者对象相对固定,就适合建立自己的发行站。建立发行站要依各出版社的实际情况而定。

(八)市场调查

目前,编辑与发行的关系始终是一对矛盾,不是相互支持、促进,而是相互抱怨。实际上现在的编辑,已不是坐等书稿上门,凭自己的学识和文字功底"为人作嫁衣"的传统意义上的编辑,而是改做"策划"。现在的发行也不再是坐等客户上门,凭自己的关系和公关能力推销产品的传统意义上的以"发"为主的发行,而是"营销"。"营销"需要未销而先行,找市场,找客户,了解自己的产品优点、特点和"买点",有自己的宣传手段,会分析市场,做好市场调查。

市场调查主要从以下几方面入手:首先从编辑那里了解图书的内容、层次、特点、作者背景、出版背景,从而判断图书的读者对象,找准图书的主要"买点";然后,了解市场上同类图书的出版情况,包括图书的作者分布情况、作者背景情况,各出版社的优势、劣势,和本社进行对比分析,调查各出版社该类图书的定价,各出版社该类图书的销售情况,预测该类图书的市场保有量,对图书市场的各种数据进行去粗取精,去伪存真处理,变成营销策划的依据,向编辑建议图书的印刷数量,还要开启图书零售市场的监测系统,定期抽样、收集、分析图书零售市场的基本数据,准确把握图书市场的预期风险、基本走势,随时了解图书市场动态情况并反馈给出版社生产指挥部门,以准备随时跟进市场或应对市场风险,努力做到风险最小化、利益最大化。

作为出版社发行人员,考虑较多的应是市场营销策略,而作为出版社社长就必须统揽全局，将选题策划、编辑加工、印刷出版、市场营销整个链条作为一个系统工程，坚持以市场需求、读者欢迎为前提，坚持社会效益和经济效益相一致，坚持营销工作自始至终环环相扣，使全员参与。仅有发行人员参与的营销是局部的、不完整的，甚至是不成功的营销。

二、图书营销策划方案(二)

(一)发行人员的素质要求

一名成功的发行人员要有先进的营销理念、完备的营销方案、可行的营销手段、强烈的公关意识，对整个销售过程成竹在胸，每一步都在自己的掌控之中，而不是走一步，算一步，走到哪算哪，听天由命。营销一词目前虽然被人们普遍关注，但作为一个专业，进入大学课堂也仅有十几年，所以到目前为止，并不是所有的人都能接受，这也就不难理解了。不少出版社的发行人员、出版社工作人员仍停留在等待推销层面上，发多少货？货怎么发？如何降低成本？没有思考；货有什么特色？不知道；货到后怎么打动读者？没研究；一切的一切就造成了目前图书业“折扣不断降、退货没商量、回款无期限”的状况。这种状况虽然不全是发行人员的问题，但也应引起发行人员的足够重视和警惕。

著名的营销案例“把梳子卖给和尚”，讲的是有人认为不可能，有人卖了一把，有人卖了十把，有人卖了一千把，这是为什么呢？根本问题是营销理念不同，卖一千把的编辑是通过营销公关活动，改变了客户的观念，使客户接受了自己的观点，所以成为成功的营销案例。各出版社都有这样的案例，策划时认为很好的一本书，最后变成了报废书，当然这里有前期市场调研欠缺、生产周期延误等因素，但也有营销不成功的原因。

从市场调研角度讲，一名优秀的编辑必须有灵敏的嗅觉，善于把握市场信息，并经分析筛选出有用的信息，这里面包括政策因素、销售环境因素等。有个故事这样讲，有两个销售员来到非洲，发现当地人没穿鞋，一个发回电报“速发一批鞋来”，另一个发回电报“这里的人根本不穿鞋”。同一种现象为何会产生两种截然不同的结果？这就是市场调研能力所致。当然这个例子有点特殊，但此类现象在各出版社都不同程度地存在。

（二）根据图书特性确立营销模式

邓小平同志的名言“不管黑猫白猫，逮着老鼠都是好猫”，其精华就是实事求是。日常生活中人们有句俗语叫“条条大路通罗马”，讲的就是一个真理——殊途同归。各个出版社所处地理位置、外部条件、内部条件各不相同，所以，各自所走的道路不可能完全一致，但只要结合实际，具有特色，就一定能够成功。外研社走外语之路，在全国建立发行公司是一条成功之路，年创利近两亿元并以超高速度向前发展；北师大社紧紧抓住中小学教材，建立一套自己的发行网络，实现人均创利60万元；金盾社紧紧围绕农民用得上、买得起的实用图书，带动农民发家致富，编辑级别高（部队退下来的师、团级），长年在外深入各县，成为中宣部树立的典型；还有西南师大社、陕西师大社、大连理工大学社等都有成功的范例。

社科书、学术书、大专教材、中小学教材、大众读物、中小学教辅，所面对的受众不同，所以，营销人员不能以不变应万变,应针对不同的书籍制定不同的营销方案,采取不同的营销手段,结合自身特点,建立自身网络,这样方能取胜。

(三)市场营销始于选题策划

一本书、一套书形成之后的销售好坏表面看在销售人员,而销售好坏的根子在于选题是否适合市场,即选题策划是根本,如果选题工作不精、不细、不准,出书越多,损失越大。出版社的劳动是智力型劳动,编辑应成为专家,要有自己的方向、自己的领域、自己的特色,坚持不懈定能成功。编辑要将更多的精力用于培育作者,联系作者,提出选题,同样做一部书,其结局可能是负效益,可能是微效益,也可能是大效益或超大效益,这就要看编辑的功夫和能力。一个策划编辑不能坐在办公室里等稿子,要走向社会、走向全国、走向世界,广交朋友,以诚相待,要有刘备三顾茅庐的精神,取得作者的信任与支持,拥有大量优秀作者队伍,赢得读者的可能性就大。策划编辑在策划选题时就应设计完备的营销方案。

(四)营销宣传的定位

古人言,“酒香不怕巷子深”,但在当今社会,传媒手段五花八门,铺天盖地,如果忽略了营销宣传,就不可避免会被市场淘汰,所以,酒香也要勤吆喝。

当然讲产品宣传,绝不是不讲策略,不计成本,不分场合,不分地点,来者不拒。针对不同产品、不同对象,应选择不同媒体进行宣传,大项目大宣传,小项目小宣传,要有成本概念和投入产出概念。广播、电视、报纸、杂志、广告牌、宣传页、宣传册、产品发布会,不一而足,我们必须结合实际,根据不同受众,选择不同媒体,选择不同时段,选择不同范围进行有效宣传，投入资金多少和取得效果并不是线性关系，关键是要靠胆略和智慧，用较少的投入取得较大的成果。总之，产品不宣传是不行的，盲目宣传也是不可取的。宣传不能只靠硬广告，更要学会通过社会公益活动宣传自己。

总之，无论中、小出版社，还是超大出版社，在我国加入WTO的今天，面对的不仅是国内同行的竞争，还有国际的竞争，如果不加强学习，提高水平，提升理念，以现代的营销手段应对新的形势，迟早会被淘汰。所以我们一定要有紧迫感、危机感，培育营销英才，占领制高点，勇往直前。

（五）图书营销策划方案

书业已经进入微利时代，图书市场的竞争也日趋激烈。在这种情况下，无论从出版还是从发行的角度看，注重并实践图书营销实务，都是书业至关重要的问题。

三、图书营销策划方案（三）

（一）书业市场调查

图书营销的基础是书业市场调查。目前，出版社前端编辑环节的“计划性”与后端销售环节的“市场性”衔接不顺，两种不匹配的运行方式在一个系统里共存，其结果是一些编辑对预期读者和目标市场，对图书的装帧和价格等，没有进行充分的考虑就匆忙出版图书，这样的产品进入市场后也就难免先天不足了。在淘汰率极高的图书市场中，出版发行商如何寻找和扩大自己的竞争优势，仅凭个体经验，已经远远不够了，必须借助科学的市场调查来为决策提供依据。

书业市场调查的方法，可分为指挥部内和指挥部外两种调查形式。前者依靠自身的计算机系统，统观出版发行的全部流程，并与有业务往来的销售终端实行联网，对图书的直接成本和间接成本等财务指标进行实时监控，对征订、发货、回款、退货等市场状况进行实时处理，对销售进展等基本情况进行实时跟踪，然后对图书市场的主要数据进行去粗取精、去伪存真的处理，最后变成营销策划的依据。指挥部外的调查以人员外出和委托调查公司的方式进行。在科学设计调查方法、调查对象、调查渠道的基础上，开启图书零售市场监测系统；定期抽样、收集、分析图书零售市场的基本数据，准确把握图书市场的预期风险、基本走势和读者需求等要素。然后，指挥部根据市场调查反馈的情况，做出正确的营销决策。

(二)营销渠道管理

渠道管理，是图书营销实务的一个重点。出版发行商做好渠道管理工作，首先应建立自己的营销渠道，形成招之即来、来之能战的渠道网络。这个网络包括新华出版社、民营出版社，还应包括党政机关、事业单位、商场和超市等。其次，要注意培养渠道，逐步形成渠道发行的实力。[①]

第七节 图书的管理维护

对图书出版管得不严，图书垃圾就会不断涌现，管得不得法，也不会收到好的效果。

①中南地区大学版协发行委员会.图书营销理论与实务[M].长沙:湖南大学出版社,2010.

我们国家的出版业有着悠久的历史，随着我国改革开放的深入发展，过去关于图书出版的一些管理制度也要随之发生相应的变化，从前在计划经济时期运用的一些制度和办法显然已不适应新的形势发展要求，因此，建立、健全相应的关于图书出版的新制度势在必行。近些年来，我们制定了一些关于图书出版的法律和法规，这些法律和法规对规范图书的出版起到了一些积极作用，但随着出版业的发展、新情况的不断出现，已经制定的法律需要进一步的修改和完善，使已有的法律更有针对性、更完美，这样的法律就会更具有指导性和实在意义。

比如：为了规范出版人的言行，应该制定对出版人的法律管理规定；为了保证出书质量，应当制定关于出版人素质的法律规定；为了搞活出版事业，应当对协作出书的有关事情进行法律管理规定；为了方便广大出书者，应当对丛书出版的有关事项进行法律管理规定；为了加强广大群众对出版事业的监督，应当制定出关于监督出版部门管理的法律规定；为了使出版业健康发展，针对有些出版社成立出版公司的实际情况，应当制定出版社创办出版公司的具体法律规定等。

所有这些具体事情都应纳入法制轨道，努力做到有法可依。就拿出版丛书来说，各个出版社的做法是不一样的，有的出版社要审查书稿，有的出版社就不审查书稿，还有的出版社审查一部分书稿。关于出版的丛书格式更无统一规定：有的有丛书字样，有的没有丛书字样；有的书标明丛书主编的名字，有的并不标明；有的有丛书的总定价和分册定价，有的没有；有的丛书出的十本或几本书用的是同一个书号，有的丛书各分册书号都不一样；有的分册书号区别在版权页的上方图书出版编目(CIP)数据中，有的分册书号区别在版权页的下方；有的丛书中几本书的名字都印在封底上，有的却没有标明，真是五花八门，莫衷一是。

其实，对于这一问题，出版管理部门只要进行一下调查研究，定会想出一个好的办法或制定出一个法观，让所有的出版人都来遵守。如果丛书的出版有了统一的标准，丛书出版就不会杂乱无章了。

总之，图书出版是一件非常严肃且神圣的事情，我们要把这一事情做好，还要下一番大的功夫。如果出版管理部门、出版部门、印刷部门作者以及广大读者提高认识，加大管理力度，建立、健全规章制度，图书出版一定会沿着正确道路前进，为繁荣我国的精神文明建设贡献出更大的力量。

出版计划规定着出版社在计划期内图书生产的种类、质量、数量和进度，它是出版社进行生产管理的重要依据。按照出版计划，出版社在组织图书生产时应加强管理，使整个生产过程做到连续有序。

图书生产过程中的各个阶段、各个工序应紧密衔接、连续不断，将可以进行平行生产的活动组织平行交错生产，将生产过程各阶段、各工序之间的生产尽量安排得当，使各个生产环节能切实按计划进行。

先进的生产组织形式有两种：一种是工艺专业化生产组织形式；另一种是对象专业化组织形式。前者是按生产工艺的特点来设置生产单位，在生产单位中集中同类型的工作人员，对书稿进行加工。后者是在生产单位中，集中不同类型的工作人员,每个生产单位基本上能独立完成书稿的加工工作。

目前,许多出版单位的生产组织机构是按照生产工艺特点来设置的,如总编室、出版科、校对科、发行科等。这种组织形式有一定的优点,即同一类型的工作人员在一起工作,便于相互切磋,提高技术水平,也便于管理。但是,这种组织形式不利于提高劳动生产率,也不利于按连续性、平行性、比例性、均衡性和适应性的要求来组织图书生产。

出版社是一个生产方向比较稳定的生产单位,它的产品是定型的,因而,采用对象专业化形式来组织图书生产是可行的。

特别是在社会主义市场经济条件下,对于一些出书周期短、质量上乘、发行数量大的图书,采用对象专业化的组织形式来组织图书生产,是非常必要的。编辑、出版、校对等工作人员按一定的比例组成生产单位,书从编辑到出版,一竿子插到底,减少了书在加工过程中的停放等待时间,简化了计划管理、生产控制、质量管理、经济核算等工作。

例如,一本自考教材《统计学原理》,3个月后有3万人需要用此书,印刷装订、运输需要30天,编辑三审加工、绘图、排版、校对、通读、质量监查须在两个月内完成。如果按照工艺专业化生产组织形式组织该书的生产,一般需要较长的时间。如果采用对象专业化形式来组织该书的生产,出书计划下达到生产单位后,由于所需工作人员在一个单位,就可大大减少书稿的周转时间,同时,复审、终审、绘图、排版、校对等工序都可以交替进行,这样,可缩短1/3以上的生产时间。总之,对象专业化生产组织形式是一种优点较多且较为先进的组织形式,它简化了管理,减少了工序之间的扯皮现象,缩短了生产周期。

为了"多出好书,不出坏书,少出平庸书",切实保证图书的编校质量和出书周期,提高图书的两个效益,出版单位采用这种形式组织图书的生产,是很有必要的。

图书出版有了切实可行的生产计划和较好的生产组织形式,还应明确各工作岗位的职责,制定有利于调动工作人员积极性的劳动定额。劳动定额是出版社合理组织图书生产的直接依据,也是计划管理的直接依据。任何生产劳动都是在一定的时间和空间内进行的,只有依据正确的劳动定额,企业才能合理地为各项工作配备适当的劳动力,把具体计划和指标分解并落实到各个部门。

如果没有劳动定额,生产进度就无法控制,职工的积极性就调动不起来,劳动生产率也就无法提高。有了劳动定额,出版社就可以依据其组织劳动竞赛,比工作质量,比工作进度。同时,依据劳动定额,贯彻按劳分配原则,可调动出版人员的积极性。劳动定额的制定,必须符合"全""快""准"的要求。也就是说,在出版社内,凡是需要和可能制定定额的工作都要有定额。劳动定额的制定在时间上要快,编制工作量要小,能及时满足图书生产的需要;劳动定额要先进合理,"准"是关键。如果劳动定额不先进合理,即使制定的定额很全,也不能发挥其积极作用。

一般来说,劳动定额具有"稳定性"与"变动性",即定额制定后在一段时间内要保持相对稳定,如果修改频繁,就失去了定额的意义,同时,当生产技术条件发生变化时,也必须对定额做相应的修改,否则就会使管理工作失去可靠的依据,造成各工序之间的不平衡,影响劳动生产率的提高,出现分配不合理和职工苦乐不均的现象。为了保证劳动定额的先进合理性,充分发挥其促进生产的积极作用,出版社要从实际出发,认真把它制定好。

第四章 近现代图书出版社对编辑的要求

编辑工作是整个出版工作的中心环节，在社会主义市场经济条件下仍然如此。编辑工作的质量决定出版物的质量，是实现图书社会效益和经济效益的基础。

党的十一届三中全会以来，我国出版业为促进我国与世界各国的文化交流发挥了巨大作用。尤其是加入世贸组织以来，我国出版业在促进国际文化交流方面肩负着更大的责任。我们既要在与世界各国的交流中积极吸收别国先进、科学、有益的东西，坚决抵制落后、愚昧、有害的东西，同时还要努力弘扬民族文化，展示我国社会主义经济文化建设的新成就。

随着经济全球化以及物流越来越发达，加之通信手段的革命性革新，地球逐渐变成一个“村落”，各国文化像一股滚滚洪流，你中有我，我中有你，不断融合。世界的发展轨迹告诉我们，一个国家不仅需要象征经济实力的GDP这样的硬实力，还要有以文化为核心的软实力。党的十八大报告指出，中华文化走出去迈出了更大步伐，社会主义文化强国建设的基础更加坚实。全面建成小康社会，实现中华民族伟大复兴，必须推动社会主义文化大发展、大繁荣，兴起社会主义文化建设新高潮，提高国家的文化软实力。新闻出版是舆论宣传的主阵地。

十八大报告指出:“文化实力和竞争力是国家富强、民族振兴的重要标志,扩大文化领域对外开放,积极吸收借鉴国外优秀文化成果人才是第一生产力。”出版行业作为知识密集型产业,人才具有特殊的意义,而编辑是一个新闻出版工作的中心环节。在向着建设社会主义出版强国这个宏伟目标阔步前进的过程中,拥有一大批熟悉国际市场运行规则的有责任、懂管理、善经营的出版人才,对我国迈向世界出版强国将具有重大的意义。在建设出版强国的过程中,尤其需要一批这样的出版人才。在新闻出版行业中起到关键作用的编辑们,是否具有较高的文化素质,是这个伟大目标能否实现的关键。

在这种形势之下,编辑工作必须坚持为人民服务、为社会主义服务的方向,贯彻百花齐放、百家争鸣及古为今用、洋为中用的方针,坚持以马克思列宁主义、毛泽东思想、邓小平理论、“三个代表”重要思想及科学发展观为指导,传播和积累一切有益于提高民族素质、有益于经济发展和社会全面进步的科学技术和文化知识,弘扬民族优秀文化,促进国际文化交流,丰富和提高人民的精神生活,为建设社会主义物质文明和精神文明服务。

编辑工作不是简单的技术工作,有其自身的规律。编辑学是一门独立的学科。要在选题、组稿、审稿、加工整理、整体设计等编辑实践中总结探索它的规律性,并以此指导实践活动。如此循环往复,逐步建立和完善编辑学理论,才能使编辑工作不致成为盲目的实践,而成为自觉的创造性劳动。

编辑工作是一项系统工程。各环节相互联系、制约和促进,具有严密的整体性,而每一环节又具有相对的独立性。各环节中有许多工序，相互之间同样具有制约性和相对独立性。一个环节、工序的工作影响着另一个或几个环节、工序乃至全部编辑工作。

编辑工作是一项高尚、光荣的工作，又是艰苦、细致的劳动。编辑人员要具有崇高的职业道德，包括无私奉献的品德、开拓进取的精神、敬业乐业的责任感和使命感、廉正奉公的精神、严谨认真的态度、一丝不苟的作风。编辑人员还要具有广博的学识和专业修养，至少熟练掌握一门外语，并不间断地学习和汲取新的知识，以适应现代编辑工作的需要。

编辑人员和作者的关系是同志式的互助合作关系。编辑人员必须依靠作者，尊重作者，与作者建立真诚的友谊。出版社要以自己的出书特色、优势和坚持不懈的工作，发现、吸引和团结作者，形成一支优秀的作者队伍。它同一支优秀的编辑队伍相配合，是出版优质高效图书的基础。

编辑人员要真诚地为读者服务，广泛地、经常地征求读者的意见，同他们保持密切联系。在工作中要为读者着想，注意各层次读者不同的阅读需要和阅读兴趣，充分满足读者的正当读书要求，引导和提高他们的欣赏趣味和鉴赏能力，从而在出版社周围形成一个稳定的读者群。

在高新科技条件和新的形势背景下，编辑工作手段日趋现代化，电脑及信息网络与编辑工作各环节的关系越来越密切。因此，编辑人员要能熟练使用电脑，掌握电子知识，懂得使用各种软件，并注意研究解决编辑工作应用高新科技中出现的新情况和新问题。

近现代图书出版社的工作人员都应当知道，选题是出版的前提，优秀的选题不仅可以创造良好的社会效益，还可以创造可观的经济效益，是影响出版社发展的决定因素。优秀选题的策划是和编辑的各个方面专业知识与聪明才智紧密联系的。

一、选题策划职责

编辑在对市场调研时，往往通过对读者群体的心理需要和精神需求进行了解，进而把握市场走向，以此满足读者的合理要求。所谓读者的合理要求，就是健康、文明与社会发展相适应的阅读需要。如何满足人民群众日益增长的精神文化需求？这就要求出版社编辑必须具有一定的思想文化修养和社会活动能力，善于吃苦耐劳，深入读者群当中，把握市场脉搏，与同行、与各领域专业技术人员密切联系，认真研究各阶层的人对图书的审视角度和精神世界，了解他们需要哪些方面的图书等，以此把握策划选题的角度。

图书质量的提高，取决于选题的优化，而优化选题，就必须扎实做好选题的策划工作。图书选题策划，体现了编辑对现实生活的认识与判断能力，也是关系到图书成败的主要因素之一。

因此，出版社编辑人员在策划选题时，应注意广泛搜集、积累、研究与本社出书范围相关的信息，注意加强与有关学术、科研、教学、创作等部门和专家学者的联系，并注意倾听他们的意见；在注重市场调研的同时，把握正确的方向，策划的选题要贴近生活、贴近实际、贴近群众。作为一名近现代图书的编辑，任何时候都不能忘记国家赋予出版工作者的神圣使命，应把选题策划与党和人民的利益相结合，与市场需求相结合;在努力提高自身素质的前提下,增强市场敏锐性,提高选题策划水平。伊犁人民出版社是以哈萨克文图书出版为主的出版社。这几年,编辑们深入农牧区,了解农牧民的需求,策划了一系列有关服务“三农”的图书,就很受农牧民的喜爱。

二、选题论证职责

选题论证是出版工作中的重要环节之一,也是图书选题能否确定的前提。选题论证分市场效益类选题论证和社会效益类选题论证。对市场效益类的选题进行论证时,首先论证政治导向问题,即看是否坚持党的路线、方针、政策,是否坚持正确的出版方向,这也是对作品的思想性进行把关。其次论证选题的科学性、艺术性、实用性等。对社会效益类的选题论证时,往往注重图书所需纸张的数量、印数、编校费、稿酬等涉及图书成本的因素,以及会实现的利润等。

但无论是从市场效益还是从社会效益论证,都必须从出版社的实际出发,注重两者的有机结合。召开选题论证会议论证时,要营造平等、和谐的氛围,责任编辑要切合实际,各抒己见,注重科学分析,注重现实与前瞻的结合,以求在最大程度上取得一致意见。伊犁人民出版社的实践证明,建立科学合理的选题论证制度是优化选题的基本条件。它既是保障政治方向与经济利益的手段,也是防止工作失误的有效途径。选题论证在图书出版工作中如同筛子,它对违规、违纪、平庸之作和存在导向问题的选题具有剔除作用。因此,责任编辑在选题论证中,必须履行好自己的工作职责,必须坚持守土有责,坚持严谨的责任制度与科学的选题论证方法。

三、编辑加工职责

编辑工作是将作者不成熟的稿件通过匠心独具的手法，编辑加工成语言文字通达、逻辑缜密的书稿的工作。在此期间，责任编辑对图书出版的目的和性质，对图书所承担的政治责任及内容的艺术性、语言的修饰风格等进行审查并进行技术加工处理。编辑加工，是责任编辑最为基本的工作。编辑加工过程，实际上就是人们常说的“作嫁衣”的过程。它需要材料的有机组合，更需要一针一线地缝制。在这一过程中，责任编辑担当着非常重要的责任，既需要从专业的角度对稿件的社会价值和文化学术价值进行审读，更需要在政治关、知识关、字词关上体现出责任意识。

在此方面，笔者认为，编辑加工职责主要体现在以下几个方面：一是注意改正涉及政治内容、方针政策等方面的不正确的或不合时宜的提法；二是注意纠正知识性、科学性方面存在的问题；三是注意纠正文理不通、词语搭配不当等语法方面的错误；四是注意删除重复、啰唆以及与主题无关的段落和句子；五是注意核对引文，检查所引与原著文本是否统一；六是注意检查作品前后是否矛盾，有无不合逻辑之处；七是注意数字、年代、人名、地名前后是否一致，是否符合书面语的规范要求；八是注意查对插图内容与图表说明文字是否相符；九是注意纠正错别字和生造字，注意纠正语法修辞和标点符号使用不当的错误等。

总而言之，责任编辑在承担编辑加工这种技术性、实践性、独立性很强的工作时，要有严谨的出版态度、科学的工作方法、鲜明的导向意识和明确的社会责任感。编辑工作是出版社的主体工作，是以传播科学技术、文化为主，服务于社会和人民大众的社会性劳动。

图书编辑则是这一社会劳动的具体承担者。编辑人员所从事的工作，从实质而言，是在行使国家赋予的权力，是在代表人民立言。因此说，编辑工作不是儿戏，不是任何人都可以从事的工作，更不是在出版的图书上随意挂上责任编辑的名字就可了事，而是一种科技含量很高，政治意识、责任意识很强的工作。

作为一名图书编辑，只有明确认识到自己的职责，“晓之以理，付之以行”，才会在策划选题、选题论证及编辑加工中表现出政治意识、责任意识、大局意识，才会不断积累，与时俱进，适应党和人民及形势发展的要求，才能履行好责任编辑的职责，积极、稳妥地做好图书出版工作。

科学技术的快速发展和知识经济时代的到来，对出版行业的生存与发展产生了重要影响。随着文化体制改革的逐步深入，文化产业进入迅速发展期，这一情况无疑使出版行业面临巨大的机遇和挑战。

一方面，文化在各国综合国力中占据重要位置。国家加大对教育和文化产业的重视力度，这为出版业带来发展的机遇。自我国加入世界贸易组织后，随着全球化的不断发展，越来越多的国外出版商纷纷跨入我国市场，这些出版队伍在管理模式、盈利方法、资金规模等方面独具优势，给我国图书出版行业带来更大的竞争压力。另一方面，因计算机技术、网络技术的快速发展，不同媒体相互融合的速度加快，以高科技为主要手段的现代文化产业快速发展壮大，因此，使用数字技术对传统出版行业的管理和传播方式进行改造，创建数字化的综合业务平台，成为出版行业发展的必然趋势。

在出版业的发展过程中，传统出版和数字出版既是竞争对手，也是合作伙伴，未来的出版业必将是一个传统出版和数字出版共生共荣的整体，走向融合、互补、共存是数字出版和传统出版发展的大势所趋。出版人要认识到，近现代出版业只有充分借助数字化技术手段，才能在数字化时代生存得更好。但现实情况是，我国出版业尤其是传统出版企业对于数字出版转型总体上仍然显得“观念比较保守、行动比较迟缓、效果不尽如人意”。其具体表征为：

(1)出版产品数字化率较低。目前，数字出版产品普遍存在售价较低、利润太薄、盗版困扰、数字版权要价高且获取难等问题，导致大多数出版社对数字出版的实际兴趣并不大，产品数字化率较低是比较普遍的现象。

(2)电子书刊在数字出版产业中收入占比太低。在中国新闻出版研究院发布的《2011～2012中国数字出版产业年度报告》中，2011年，我国数字出版收入达到1377.88亿元，但电子书收入仅为16.5亿元，数字报刊的收入仅为9.34亿元，而网络游戏、网络广告等方面的占比则非常高，这样的收益结构是非常不合理的。

(3)数字产品形式单一。出版社目前开发的数字出版产品仍以电子书为主，且难以跟上技术发展的步伐，如产品并不适合手机阅读等新的阅读形式，无法实现数字出版产品至关重要的内容、技术和用户体验的协调和统一。

总的来说，迄今不少传统出版单位仍不够重视数字出版给全行业带来的变革和冲击,对全流程数字出版也缺乏深入认识。当前,传统出版人树立正确的数字出版思维非常必要和关键,正如中国出版集团数字传媒有限公司总经理周锡培所说,仅有组织机构的建成并不意味着达到了数字出版的转型目标,而是需要观念先行,以数字出版的思维模式贯穿整个出版过程中,渗透到每一个出版的细节里,从编辑思想与技能转变、组织与业务调整,到实现产品的多样化载体形式、多元化发行方式、跨领域营销等各方面,将数字出版的理念贯穿全流程,才能实现真正意义上的数字出版。对出版社而言,应尽快完成适应数字出版的业务流程再造,充分开发各种形态的数字出版产品与服务并将其投放市场,以适应数字时代读者多元化的阅读需求。

从世界范围来看,如何解决数字版权侵权问题已成为国际性难题。版权保护问题是数字出版产业发展进程中的一块短板,只有解决了这个问题,数字出版产业才能获得长足发展。版权保护问题像是一道制约着数字出版产业发展的坎,迈过去前途一片光明,迈不过去则前功尽弃。目前,世界各国出版界都在积极探索行之有效的数字版权保护途径。我国数字版权保护的手段尤其是相关法律法规仍不健全,涉及数字出版的版权法律规定实践操作性不强,而《著作权法》等相关法律法规修订不及时,难以有效地满足数字出版的快速发展对版权保护工作的需求。同时,目前我国数字产业链利益分配失衡现象明显,数字版权的平台运营商、技术运营商凭借传播渠道、客户资源和信息技术上的垄断地位,获取了大部分利益;版权代理人、版权作者缺乏谈判话语权和定价权,收益甚微。

基于上述的挑战和机遇,提升出版社的出版实力成为首先需要解决的问题。同时,出版形式也向着多样化的趋势发展后,相同的图书产品可以采用不同的载体呈现给读者,不同的媒体之间可以相互补充,初步建立无缝传播的发展模式。

在运作形式上,图书编辑也需要调整角色,培养多平台工作的能力,以适应时代发展的需求。编辑工作是出版社最重要的工作岗位,也是出版社提升自身出版实力和质量的基础图书。编辑的综合业务能力、创新能力的提升关系着整个出版产业的创新性,也与文化产业乃至整个民族的文化水平的提升息息相关。

图书编辑是创造精神文化产品的劳动力。编辑在接触社会中各种关系和信息时,必须学会对现实中存在的问题和挑战给予应答。这就要求编辑必须具有活跃的思维、开阔的视野和丰富的内涵,并经过不断的学习和创新完善自我。实践中,某些编辑的思想观念受到社会性质及物质生活条件的制约,加上编辑工作的特殊性,导致一部分图书编辑出现创新意识不强、能动性差、工作效率低的情况,严重制约着图书出版业的发展。

四、新的形势下图书编辑应具有的能力

(一)市场调研能力

随着新事物的不断涌现,人们关注的重点和热点也在不停地变换。图书市场竞争更加激烈,同时,面对互联网的巨大冲击,出版的图书必须满足市场需求。图书编辑的工作就是深入探究市场需求,积极参与竞争。现阶段,图书市场呈现出实用性、快速阅读等特点,所以,读者对图书抱有更大的期望值。

因市场具有自我调节的作用，所以在选题之前必须考虑市场因素，同时将图书的价值和读者的需求考虑其中，这就要求图书编辑在选题之前开展相对应的调研工作，否则，设计的选题将严重脱离市场需求，无法顺利通过市场考验。

在对图书市场开展调研时，首先要对其他出版社的相关图书产品做好调研，其次要深入考察读者群体。对有关图书产品实施调研，可以帮助图书编辑更好地掌握此类图书在市场上的销售情况使图书编辑合理判断其销售前景，甚至可以获悉读者对这类图书的评价。考察图书的读者群，可以掌握读者更加关注哪类图书，有助于合理地选择题材，把满足供应需求的图书投入市场。传统出版对图书开展选题策划时，容易忽视市场调研这一范畴，在新的形势下，应加大对市场的重视力度，防止所制作的图书与图书市场相互背离。

只有对图书市场、读者及其他出版社同类书籍进行调研，才能更加准确地把握市场脉搏，如此一来，不仅可以提高图书编辑的市场预测能力，还能确保投入市场的图书承担最低的风险。近现代图书编辑主动、积极地走入市场、分析市场是确保其编辑的图书成功走进市场的关键。

（二）创新能力

图书作为一种精神文化产品，是进行宣传和传承的重要载体。图书编辑是产品宣传、设计的生产者，应具有较高的素质修养，同时要对出版行业的市场需求有所了解。图书编辑应根据读者及市场的需求设计产品，确保设计的产品在内容、形式、装帧等方面有独特性，确保图书选题在文化价值和产品质量上得到进一步提升。

随着信息化时代的发展,图书编辑也要善于在社会中发现新的文化需求,找寻新型题材,达到人无我有、人有我新的状态。图书编辑承担着传播文化的使命,必须具有独特的创新意识。图书编辑不仅要认真甄选、阅读作者交来的书稿,也要运用自己的创造力对书稿进行加工和提升,从而进一步充实、创新作者的成果。因此,图书编辑人员要有传播思想和信息的责任,也要对内容和策划进行创新,应运用自己独特的智慧、畅通的信息渠道更好地掌握社会需求信息,创造性地策划出适应社会发展需求并具有知识创新的选题,尤其是可以引发社会巨大反响的选题,为人类文明的发展和进步增添新的文化内涵。

(三)选项及实际操作能力

在激烈的市场竞争中,出版社的选题必须根据市场的需求来逐步实施。简而言之,出版社的选题应该适应大众的需求。读者不去购买的图书即使在一定程度上获取社会效益也无法创造社会效益,严重威胁着出版社的生存情况。只有拥有大量的读者,才能保障图书的选题体现独特的价值。图书编辑只有具有市场意识,才能深入开展市场调研,获取所需的市场信息。

首先,要解放思想,转变观念,认清潮流。数字技术的潮流已经扑面而来,对网络出版的崛起视若无睹,不积极做好应对准备或对网络出版的前景抱悲观态度,都是不可取的。同样,把网络出版与传统出版对立起来,认为两者之间是“一个取代一个”的关系的观点也是片面的。最为科学的做法是密切关注数字技术发展的方向,谨慎、理性地分析发展前景,解放思想,转变观念,既不能固守原有的经营模式,更不必害怕和逃避数字化潮流,而应该看清时代与行业的发展方向,应变图存。在数字化时代,经济增长的潜力越来越依赖于对信息资源的掌握和利用。美国时代集团旗下著名杂志《生活》月刊转向网上发展;贝塔斯曼把信息服务作为新世纪的战略重点;著名的《大英百科全书》不仅已经完成从纸质书到光盘的转变,还成功推出了网络版;百年老店商务印书馆也把电子出版物作为新世纪的重大发展战略。这些国内外的例子都清楚地表明,传统出版组织应该对数字技术密切关注,结合自身的实际情况适时引进,大胆实践。其次,要战略得当,优势互补,齐头并进。目前在全世界,数字出版物占出版物总量的约30%。未来不久,这一比例将达到50%左右。由此可见,数字出版物与纸质出版物并非严格的取代关系,而在很大程度上将会是并行发展。大多数的图书会以纸质版、光盘版和网络版的形式同时面向读者,以便读者根据个人喜好取舍。这种发展趋势要求出版组织根据自己的品牌优势、产品特点、服务对象和专业特色来决定战略发展方向,并合理调配力量。出版组织既可以不放松纸质产品的生产,也重视数字产品的开发,或者以一方为重点,以另一方为补充,有主有次,实现突破。不论何种战略,数字技术无疑已成为出版业根本的推动力量,任何一个出版组织在制定战略时必须对其予以高度重视,否则,便会在未来的竞争中陷入被动的地位,甚至被淘汰。再者,不管图书的载体如何更新,作为衡量图书好坏的本质的东西,内容的重要性却是永远也不会变的。说到底,一切载体改变的最终的目的都是使内容的阅读更方便、传播更便捷、携带更容易、服务更个性。因此，出版组织不能因为载体的好坏而陷入形式主义的泥淖。出版物的竞争，其根本仍在于内容质量的竞争，而且随着数字技术的兴起、传播渠道的便捷，内容的竞争更是决定一个出版组织生死存亡的根本因素，高质量的内容比以往任何时候都更重要，谈论和引进数字技术的前提是保持和提高内容的质量。成功的出版组织必须拥有丰富的内容资源、广泛的作者资源和优秀的编辑队伍，必须在内容上下大功夫。

所以图书编辑应以市场调研为基础深入了解读者的需求和阅读兴趣，有计划、有针对性地设计选题，这是一名编辑的最基本的职业理念。设计选题时，也应深入分析市场上同种风格的作品及读者的阅读情况，最后确定图书的整体内容、风格、价格、出版时间等。

必须注意进行选题时应该把握所有的信息，找寻最能展现选题特色的切入点对图书的宣传、内容展开深入设计，保障迈入操作期的选题可以成为精品，如此才能确保图书受到读者的喜爱。图书编辑必须不断积累经验，从而提升自身的业务素质和创造性。在知识经济发展的环境中，品牌是一种无形的资产，具有巨大的号召力和影响力。对图书产品选题时，图书编辑应确立本出版单位的品牌经营思路，从而策划出更多独具本单位特色的优秀产品，在更多读者中树立良好的口碑，从而形成影响力深远的品牌效应，获取更大的经济收益。

（四）营销能力

现阶段，多数出版单位已经意识到营销宣传发挥的巨大功效。有一部分出版单位选择采用较好的营销宣传手段，获得了较多的收益和较好的效果。因此,图书编辑不仅要具有选题策划能力,还必须具有相应的营销宣传能力。传统的营销只依赖出版单位发行部,图书编辑营销宣传意识淡薄。

目前,图书市场竞争日趋激烈,出版单位只借助传统的营销方式无法满足市场需求,因此需要使用市场营销宣传达到期待的社会效益。营销方式可以划分为两种。一种是不同类型的图书使用不同的营销方式。近年来,图书营销方式活跃在出版社、网络等方面,图书编辑必须准确把握市场的需求,依照不同类型图书的特点设定相对应的营销方案并及时给发行部提供宝贵的意见,这样可以保障图书的价值并提升其效益。

通常情况下,图书产品投入市场的过程可以划分为投放期、销售期、滞销期。图书的营销宣传贯穿整个图书销售的始终,并尽可能地延长销售期。在图书营销投放期,图书产品刚涉足市场,没有被读者认可并接受,该时期宣传的目的是让更多的读者了解图书产品。图书编辑要合理运用各种宣传资源,设计出可以引人注意的宣传资料。销售期是图书作品吸引读者的注意力后让读者根据喜好自行购买。为促使更多的读者购买某一图书,图书出版单位要加大宣传力度,让更多的读者接受并购买该图书,保障图书在较长时期内销售良好。在图书产品的销售期,应运用各种手段和资源扩大图书的影响力并及时搜集读者的合理建议,对图书存在的不足之处进行改正,适时打造图书品牌。滞销期可能出现退货等现象,作为图书编辑,也要把库存与退货的处理考虑在内,与发行部分相互配合推行一次销售办法和渠道从而减少库存和不必要的经济损失。

相关资料数据显示，新闻出版的产业规模在不断扩大，效益在不断提升。2017年，新闻出版业认真贯彻落实中央要求，把社会效益放在首位，努力实现社会效益与经济效益相统一，坚持稳中求进的工作总基调，按照高质量发展的要求，不断推进供给侧结构性改革，深入推动优化升级和融合发展，持续提高优质出版产品供给，在主题出版、主流媒体传播力、图书出版结构、对外版权输出等方面实现了良好发展。

目前图书出版单位迈入现代知识信息时代，信息时代改变着人们的生活、生产及思维方式，此时图书出版社和图书编辑的工作方式也会有所改变。新的形势下图书编辑应该以全新的观念和姿态开展工作，不断学习出版知识，不断完善自身的素质和能力，确保适应市场和读者的需求。

第五章 近现代图书出版社编辑的责任意识

第一节 编辑的思想文化

现代中外出版史上的许多著名出版家认为,编辑出版工作是世界上最好的工作。但是近年来,大家对出版业的未来发展感到忧心忡忡,觉得数字出版日益显示出巨大优势,传统出版业危机重重,对于传统出版业在数字化出版的冲击下如何成功转型更是感到一片茫然。对传统出版业的从业者而言,数字出版也许是一个严峻的挑战。但是,无论技术如何进步,出版传播文化、普及文化的本质不会变。

出版作为推动人类文明发展、积累人类思想文化成果的重要活动,我们永远都离不开它,有出版才有今天这个不断发展的世界。1492年,航海家哥伦布经过80多天的海上漂泊到达新大陆,从某种程度上讲,这项伟大的创举也要归功于出版,这是有史可鉴的。铅字印刷术的发明使《马可·波罗游记》能够公开出版并广泛流传,哥伦布正是看了此书,才起意寻找通往东方的航海之路的,最后意外地发现了新大陆。

作为近现代图书出版社的编辑,必须要具备发现的能力。

文化需要发现。美国著名编辑人舒斯特认为:“真正有创造力的编辑人必须成为了解专家的专家。”在工作中,编辑要培养自己发现专家的能力。这就要求编辑自身首先得是某一领域的“专家”,这是编辑发现专家并与之对话的前提。我想大家都有这样的体会。近年来,很多大学设立了编辑出版专业,目前的这种培养模式很难培育出优秀编辑,尤其是该专业本科层次的学生,他们没有任何专业背景,毕业后很难胜任编辑工作。

如上所言,作为一名编辑,要有三级教授的素质,才能为一级教授、二级教授服务,并有可能造就更多的一级教授和二级教授。我们的大量工作都是在为别人“作嫁衣”,不可能在某个领域内研究很深,但我们可以不断培养发现的能力,成为一个能发现专家的专家,发掘更多的真正优秀的作者。

优秀的编辑都是孜孜好学者。他们阅读广泛,了解各种知识,同时在某一个领域内有很好的判断力,能够为自己谋划的选题发掘“最合适的作者”。

复旦大学出版社1996年版《中国文学史》的畅销奇迹就是因为该书找到了“最合适的作者”。20世纪90年代中期,学术著作的出版和销售已经开始走下坡路。但1996年1月,在沪版图书看样订货会上,68元一套的三卷本复旦版《中国文学史》居然订出2.26万套。随后,新华出版社上海发行所决定包销5万套,《新民晚报》以“学术书也做到了包销?”为标题刊发了一篇新闻,引起轰动。当年6月份,该书上市,7月中旬已销售了7万多套。

改革开放带来的不仅是国家经济形势的好转,人们的精神风貌也为之一变,如何看待人、理解人、尊重人、关心人,这个问题越来越受到人们的关注,前述陈旧观念日益受到人们的摒弃。当了解到章培恒、骆玉明两位先生正在准备主编一部突破陈规的全新《中国文学史》的时候,笔者立刻意识到,他们将要完成的必是一部具有创新精神的杰作,因为在与作者的沟通中,笔者已获悉,他们主编的《中国文学史》将会突破以往文学史撰写过程中的"阶级模式",同时会集中呈现"人性的再发现"和"人性美、情感美",对中国文学史古今演变内在规律也会做深入探讨,而这些内容和观念必将给读者带来强烈的内心震撼。

后来,通过我们的积极争取,两位作者欣然将此书交由复旦社出版。新书出版后,我们采用"展示中国人灵魂、心灵情感的文学史"的宣传语向广大读者推荐这部书,赢得学界和普通读者的厚爱,著名学者徐中玉、王元化、钱谷融等给予本书极高的评价。这部著作现在已经销售了20多万套。

我们在筹划出版复旦版《中国思想史》时也有类似的经历。这本书的作者葛兆光教授认为社会下层的一般人的思想往往是精英思想家诸多重要思想的来源,因此,撰写一部兼顾一般人的知识、思想与信仰的思想史是很有价值的。在我们的努力下,这部书也由复旦社推出。现在这部书已销售了7万余套,成为复旦社的名牌长销产品。而同样题材的著作的销量几乎没有越过1万套的。与《中国文学史》一样,《中国思想史》成功的关键也是我们发现了最适合承担此选题的作者。从这个角度讲,编辑的发现力非常重要。

关注优秀作者的写作计划当然很关键,但发现"领先行业的出版同行在做什么”，然后设法超越，也是编辑的重要“发现”能力。最早创意的未必是最好的。关注同行的动向与作为，并不是去跟风，我们完全有可能在同行的启发下谋划出更好的图书。商务印书馆最早出版了工具书——《辞源》。当中华书局发现同行在做《辞源》时，受其启发，他们开始筹划一部包含更多知识的《辞海》，结果《辞海》做得比《辞源》更好，影响更大。此类事例比比皆是。在教材出版领域，通过观察、学习和借鉴同行的优点，后开发的图书产品可能会做得更好。因此，近现代图书出版社编辑一定要具备发现的能力，发现的能力是非常重要的，不仅要关注作者，还要放眼整个出版业，看看同行在做什么，这些都是重要的发现能力。

其次，近现代图书出版社编辑还要具备组合文化的能力。文化的发展是一个不断演进、不断变迁的过程，每一时代都有与之相适应的文化表现形式。通过文化的组合和整合，编辑能够使不同时期、不同形态的知识呈现出不同的风貌，使之能更吸引读者，更方便读者，更利于文化的传承与传播。从这个意义上讲，组合文化的能力是所有从事编辑工作的人适应时代发展、顺应文化潮流的重要能力。

通过组合文化，编辑能够将分散的、凌乱的甚至是湮没无闻的知识重新汇聚、系统化并使之重见天日。在图书出版中，除了特别优异的书，一般情况下，系列图书比单行本成功的概率会更大。单本书流传下来不是很容易。当我们发现一位优秀作者后，可以通过文化组合，找到同一主题的更多作者，将单一图书产品做成系列产品。

组合文化，往往能够弥补原创性不足和优质作者资源稀缺的缺憾。出版者对不同文化资源的重组，不仅有利于文化的整合、传播与扩散，还可以起到规模效应，促进出版业自身经营的发展。英国著名出版家保罗·哈姆林通过“公共汽车式的全新出版形式”使出版社获得了飞跃发展。

所谓“公共汽车式出版”是指其他任何出版社都可以参加哈姆林主持的大型丛书，通过这样的组合，不仅可以使大型丛书得以完成，而且由于规模效应降低了出版成本，促进了丛书销售，各出版社都从中受益。哈姆林主持的50卷本《二十世纪文学全集》就是这样一套大型丛书，虽然每卷厚达800多页，但因为收录了卡夫卡、毛姆等近现代知名作家的作品，书价又便宜，每一卷都售出50多万部，出版社业绩也因此而突飞猛进。在国内，中国出版集团自2004年起开始运作“中国文库”的出版，这套大型丛书已出版三辑，每辑约100种，涵盖了数十家出版社出版的20世纪以来的文学、史学、哲学等八大门类的经典著作，他们利用原出版社的软片，只需重新设计封面，不仅给原出版社带来一定经济回报，自身也降低了成本。此举盘活了一批学术价值高、专业性强的学术著作，在出版界和文化界产生了重大的影响。恰如哈姆林自己所说：“必须干与众不同的事。变化，学习，发展。”编辑组合文化的能力恰恰体现了这一点。

当前，中国人的民族自尊心在不断增强，但大部分国民的历史知识却很不够。中华民族世代生生不息的疆域是如何形成的？有多少民族在这里生存过？何时形成？又是怎么消失的？这些知识，我们知之不详。虽然我们有很多准确表述中国的著作，但遗憾的是，这些著作或由于语言文字（古文）问题,或因为篇幅过大,使置身于当前快节奏生活中的人们无暇顾及。

广大的读者,更多的是从电视、电影等不太认真和不太客观准确的艺术作品中了解中国的历史与现状,这对于传承中华民族的优秀文化、塑造中国人的灵魂与思想是极为不利的。因此,用最准确、最简洁的语言对中国的一些基本概念进行描述,为年轻一代读者提供了解吾国、吾民的普及文本,使之对中国历史文化长河各方面真正了解,是极有意义的。

呈现方式是图书的表现形式,也就是如何使图书的内容与形式完美地结合在一起。出版史上所有的成功案例都表明,善于创新呈现方式的编辑高手往往都能够引领出版的潮流,引发一次次的"出版革命",创造骄人的出版奇迹。优秀的编辑总是对呈现方式孜孜以求,力图为优秀作者的创作文本配上一套得体的"衣服"。

谈及编辑创新呈现方式的能力,埃伦·雷恩和他的平装书革命是绕不过去的经典案例。雷恩不是平装书的开创者,但他却是使平装书发扬光大并为知识普及做出最大贡献的出版家。在创办企鹅出版社前,雷恩是一家出版公司的职员,非常喜欢读书。他发现,高品质的优秀图书都是价格昂贵的精装书,而出版社里销售的便宜图书都是些缺乏知识含量的消遣作品。由此,他产生了创办一家出版社,专门为大众提供质量上乘、价格低廉的优质平装书的想法。

与国外先出精装本、再推平装本不同,当前国内一般采用先平装后精装的做法,同样比较成功。在国家经济形势持续发展和国民可支配收入不断提高的大背景下,消费产品包括图书消费分层化的趋势越来越明显，平装、精装，小开本、大开本，甚至是豪华本、毛边本等各得其所，只要策划到位，都有广阔的市场前景。在网络化的时代，虽然有数字出版的挑战，但是纸质图书出版如果能够找到适当的呈现形式，还是大有可为的。

在先进媒介技术影响广泛的今天，版式创新是编辑创新呈现方式的重要方面，在编辑工作中的价值越来越大。别具一格的版式设计不仅为读者带来愉悦的阅读享受，而且提升了图书的艺术品位和审美价值。上海文艺出版社2005年出版的16卷本《话说中国》引起轰动。这套书的文字内容与以往谈中国文化的图书并无多大区别，为什么它在短时间内获得这么多人的喜爱？应该说，编辑的版式创新在其中起到了至关重要的作用。丛书的策划者研究了现代人的阅读习惯，采用讲故事的方式，精心为每一则故事配上多幅精美图片，使图与文、人与事巧妙地结合在一起，同时借鉴了多媒体的链接形式，可以使读者方便地进行检索式、跳跃式阅读，这些版式方面的创新给读者带来强烈的视觉冲击，丛书因此受到各个阶层读者的喜爱。

作为一名编辑，首先要热爱编辑这一职业，只有具备这种品质的人才能有所成就。其次要有专业技能，也就是要在专业基础上培养发现的能力、组合文化的能力、创新呈现方式的能力。在这个创意不断涌现的时代，编辑以上诸能力的培养程度最终决定了他能否成为一名优秀的从业者。在“人人可以‘做’出版”的数字化时代，传统出版业面临日益严峻的挑战，将来还需出版社吗？答案毋庸置疑。数字化程度越高，信息量越大，文化呈现越芜杂，就越需要专业人士去筛选。届时，面对文化的“汪洋大海”，读者更需要编辑出版人去发现、组合文化，并给予其最好的呈现形式。

在世界多极化、经济全球化、文化多元化的当今时代，出版受到多方面因素的影响。出版界出现了一些经济压力之下的精神滑坡、粗制滥造的现象，出版物的文化品位和内在价值降低。更有甚者，使出版文化堕落为印刷经济。在功利主义的现实环境下，大有只讲“市场导向”而放弃“价值导向”的倾向。

近现代图书出版产业趋于实务，且越来越偏离学术理想。劣质出版中的文化和价值缺失已成为不容忽视的问题。出版编辑在面对这些文化理想缺失导致的文化生态危机现象时，会感到困惑和迷茫，特别是那些出版学术水平不高、出版文化理性不够的编辑，更容易在商业利益的冲撞和裹挟下，将个体生存置于首位。追逐经济利益胜过追求文化价值，自觉或不自觉地丧失了对文化理想的追求。如何能在推进社会主义文化大发展、大繁荣的新时代，坚持正确的编辑导向，传承和弘扬中华文明，促进科技文化事业的大力传播、发展和创新？如何在注重文化产业经济发展的同时，又能注重社会效益，丰满出版文化的“学术”理想？应当怎样来把握“弘扬主旋律，传播正能量”的正确方向，杜绝急功近利的行业风气？这是值得每个编辑深入研究的重要课题。推进社会主义文化大发展、大繁荣是时代重任，近现代编辑如何深刻认识并发挥主观能动性，充分展现编辑出版活动在社会文化建构及国家文化软实力建设中的功能和作用，坚持培育和践行社会主义核心价值观。倡导富强、民主、文明、和谐的国家价值目标。倡导自由、平等、公正、法治的社会价值取向,倡导爱国、敬业、诚信、友善的公民价值准则,有着深远的现实意义。

1.在全媒体出版的新时代,编辑要坚持主流的价值导向。价值观是人们基于生存、发展和享受的需要,在社会生活实践中形成的价值信念、信仰、理想、标准和其体价值取向的综合体系。价值观一旦形成,就会渗入人们的一切价值活动,发挥目标选择、情感激发、评价标准和行为导向的作用。

在不同的社会发展时期,人与人之间价值观的差异与多样化是一种普遍的客观现实。坚持和弘扬代表根本利益的价值观,与维护民族、国家的立场和地位、前途和命运密切相关。历史和现实反复证明:一个国家、一个民族若没有核心价值观的引领,就没有赖以维系的精神纽带,就没有统一的意志和共同的行动。

当今世界正处在大发展、大变革、大调整的时期,不同文化和价值观体系的比较和冲突表现得越来越明显,文化价值观的变革和转型已经成为一种时代性、世界性的思想文化现象。

近现代中国,社会结构深刻变动、利益格局深刻调整,人们在思想认识上的独立性、选择性、多变性、差异性日益增强,价值观变革、转型的广度和深度尤为突出。

面对互相竞争的多元价值观以及日益普遍的价值矛盾和冲突,实现社会主义现代化和中华民族伟大复兴的宏伟中国梦,必须要有强大的主流价值导向来引领社会、凝聚人心、推动发展。社会主义核心价值观是近现代中国最能代表先进生产力发展要求、代表先进文化发展方向和代表最广大人民根本利益的先进价值观，是最富有生命力的主流价值观，是社会主义先进文化的精髓，是我们信仰和精神的强大支撑，是我们必胜的信心与不竭的动力。早在2011年，《中共中央关于深化文化体制改革、推动社会主义文化大发展大繁荣若干重大问题的决定》就系统阐释了文化体制改革和近现代文化建设对中华民族伟大复兴的重要意义。

编辑出版是文化事业的重要组成部分，且在文化系统中发挥着重要作用，这早已成为共识。出版业是特殊的文化行业，虽然其产品和服务兼具文化价值与商品特征，但其与生俱来的本质属性，是传承社会文化、建构价值体系，所以价值理念对出版文化具有深层的制约作用。所有的出版活动和事件都是在特定的价值理念的指导下完成的，出版从业者的价值认识、价值选择和价值评判，决定了文化生产、传播和创新的方向和路径。

全媒体传播时代，文字、图形、图像、声音、动画、视频等多种媒体表现手段相互渗透，传统纸媒、电视媒体、广播媒体、网络媒体、手机媒体、阅读器等媒介形态相互融合，真实信息与虚假信息共生，信息生产者与消费者身份重叠，大众与小众共存，旧技术与新技术交叉，本土化与全球化混杂，文化同一性与多样性并存等，客观上要求编辑应具有出版文化理性（核心层主要包括文学的感性、艺术的灵性、哲学的悟性、史学的智性、科学的理性、伦理的德性）和多重跨界意识（包括跨媒体、跨文本、跨种族、跨语言、跨文化、跨学科、跨身份等多元思维意识），只有达到这些基本要求，才能坚持正确的价值导向，培育和践行社会主义核心价值观，才能更好地承担促进社会进步、民族振兴和国家发展的出版重任。

强调出版的文化追求和价值导向，并未否定出版的市场取向。在中外近现代出版史上，凡是有影响、有作为的出版企业，无一不是出版文化理性的倡导者和践行者。

商务印书馆、中华书局、三联出版社等历久不衰的成功秘诀，就在于它们把对文化理性的追求与对商业利益的追求有机地结合在一起，以文化理性为体，商业利益为用。德国的苏尔坎普出版社规模并不大，但因“彩虹出版计划”而闻名于世，其社长翁泽尔德博士2002年辞世时，德国总统和欧洲政要纷纷前去送行，媒体还将翁泽尔德的名字与德意志联邦共和国并列。“彩虹出版计划”为战后德意志民族重建自己的信仰及精神支柱，持续地提供了2300多种优秀出版物，不仅创造了一个“图书帝国”，也创造了一个“思想文化帝国”。一切有利于国家富强、民族振兴、人民幸福、社会和谐的精神追求和文化梦想，都是我们编辑出版的重要价值导向。

编辑要有坚定的文化自觉和开阔的文化视野。从整个文化生产的过程和传播方式来看，编辑是近现代文化大生产中的组织者与设计者、优秀文化传播的引导者与选择者、文化传承积累中的呵护者与发现者。

2.编辑一定要有坚定的文化自觉和文化自信，才能肩负起时代所赋予的文化使命：具有广阔开放的文化视野，在纵向上立足民族，穿越时间，弘扬民族文化和文明；在横向上胸怀世界，穿越空间，译介世界文化和文明。编辑活动既是选择、优化文化成果的行为，又是整合和建构社会文化体系的活动。

“文化自觉”是1997年费孝通先生在北京大学举办的第二届社会文化人类学高级研讨班上首先提出的，主要论述了多元文化发展中的文化转型、文化自主和文化融合等。文化自觉，“是指编辑对于文化发展繁荣的自觉认识和责任意识，对自己所处的文化地位、所担负的历史责任以及文化发展规律有透彻体悟和准确把握”；文化自信，“是指编辑对于自己在文化发展繁荣中的历史地位和现实担当有充分的信心”。文化既是民族的凝聚力，也是参与国际竞争的软实力。坚持“文化自觉”和“文化自信”，是编辑在文化多元化时代的一种积极应对和响应，也是加强国家文化软实力建设的重要途径。努力传播近现代中国主流价值观念，自觉践行社会主义核心价值体系，是近现代编辑责无旁贷的文化担当和文化自觉，也是近现代编辑无可替代的文化角色和文化自信。

编辑的价值导向和文化自觉，决定了他的文化视野和文化使命。人类文明发展的历程表明，一个社会的大发展与大繁荣，必然伴随着文化的大发展与大繁荣，而中国编辑正处于这样一个伟大的变革时代。对于自觉承担着传播社会主义先进文化使命的编辑来说，就是要将坚持和弘扬社会主义核心价值体系，实践于具体的编辑活动当中，生产出健康、丰富的精神文化产品，更好地为社会主义文化建设服务。首先，编辑要自觉促进中华优秀文化的传承，使优秀传统文化成为新时代鼓舞人民前进的精神力量。其次，编辑要推动中华文化走向世界，增强中华文化在世界上的感召力和影响力，共同维护文化多样性。最后，编辑要注重学习借鉴国外优秀文化成果，兼收并蓄、博采众长，与时俱进、开拓创新。

编辑活动在我国有着悠久的历史,各朝各代无不以文献记载、编著、修订等方式实现着文化的积累和传承。孔子是我国古代伟大的教育家、思想家,也是我国最早的大编辑家,他删《诗》《书》,订《礼》《乐》,赞《周易》,修《春秋》,加工整理当时的各类文献典籍,自觉肩负了传播文化的使命和责任。陈独秀创办《新青年》《每周评论》等,倡导思想解放;鲁迅创办未名社,出版《新生》《语丝》等,改造和提升国民精神;邹韬奋担任《生活》周刊主编,力主正义舆论,抨击黑暗势力:他们用自觉的文化意识倡导新文化,批判旧文化,对人生进行启蒙和改造,唤醒民众,推进民族解放。

另外,还有《学桴》《清华学报》《北京大学月刊》等高校学报的编辑出版,也表明中国近现代的文化先驱以他们的文化自觉,为中国社会的现代转型做出了重要贡献。科学出版社编辑出版的优秀学术书刊、人民出版社编辑出版的经典政治理论书籍、高等教育出版社编辑出版的精品教育图书等都主动参与了近现代文化建设。出版进步书刊,传播先进思想,是出版社的文化使命,更是出版编辑的文化理想追求。

3.编辑要注重正确的文化选择和多方位文化创新。编辑出版是文化事业的重要组成部分,通过文化选择、文化积累、文化传播与文化创新等途径,担负着文化传承的重要使命。编辑的文化选择,指编辑主体为适应社会发展的需要,在对各种文化样式和文化产品进行价值判断和价值选择的基础上,明确自身文化的发展道路,完善自身文化体系的行为与过程。编辑主体对社会精神文化的选择,是一种文化创新,更是一种文化增值,目的在于实现社会文化结构的最优化。

编辑的文化选择，首先表现在其价值取向上，其次表现在对各种文化的批判与借鉴上，其最终目的是进行文化创新。要建设社会主义文化强国，关键是增强全民族文化创造活力。创新型文化建设早已作为我国创新型国家建设的重要组成部分，编辑出版作为知识传播的重要环节以及创新系统建设的重要内容，在当今出版的新时代被赋予了比以往任何时候都更为重要的地位和作用。

一方面，编辑出版要全面、真实、快速地展现科技文化创新成果，积极传播科技文化创新知识，努力促进文化创新。另一方面，创新型国家建设也为我国出版业的发展提供了更为广阔的发展空间，数字出版新技术使知识内容以更丰富和更容易传播的方式呈现，出版新业态不断涌现，出版的形式和外延得到广泛拓展。因此，编辑出版工作者应顺应时代发展，在各自的工作岗位，以自己特有的方式，自觉、自律地为创新型文化建设做出贡献。

在中华文明悠久的发展历史中，正是因为先贤大师们的编辑出版活动，才为后人留下了无数令世人赞叹的科技文化宝典;《论语》《孙子兵法》《黄帝内经》《天工开物》等重要典籍的出版和传播，不仅记载和展现了中国辉煌灿烂的历史文化和巨大的科技成就，同样也说明了编辑和出版工作对于推动人类文化发展和社会进步的巨大作用。

传统出版业作为人类文明得以传承、延续与发展的文化生产方式，目前正受到了数字技术风暴的影响。数字技术风暴一方面给传统出版业带来了难得的发展机遇，另一方面也使之遇到了数字技术和网络技术所带来的前所未有的挑战。

数字技术的发展和广泛应用给传统出版带来了巨大挑战。据有关统计资料表明,近几年来全国图书销售总册数一直呈徘徊状态,增长乏力,单品种销售量下滑,出版利润下降,图书市场从整体上看已步入一个成熟期,呈现出不景气的态势和经营滑坡的趋势。造成这种情况的原因是多方面的,其中最重要的因素就是互联网等先进媒介分流了大量原来属于传统出版物的潜在购买力。

数字技术给传统出版业在生产流程、营销方式、人才储备和知识产权保护等问题上提出了挑战,让众多出版商如临大敌。数字技术改变了传统出版生产流程,在组稿、编辑和印刷等方面更具有优越性。数字出版物的随机检索增加了出版物的交互性,加之信息的海量存储,增强了信息传播的能力,可以随机检索的海量信息,突破了纸张版面的限制,大大提高了编辑的工作量。数字出版印制流程方便、快捷,实现了按需印刷。数字出版使出版载体从有形到无形,印刷流程或将消失。在网络出版的整个过程中,信息是以数字化形式保存和传播的。网络出版以数字化的“复制”取代了“印刷”,传统意义上的印刷环节被省略。

数字印刷解决了困扰出版界很久的库存和退货问题,对发行环节的影响是实质性的,发行流程被大大简化。随着电子商务技术和数字版权保护技术的发展,出版物的发行可以在网上完成。

数字技术的发展需要复合型出版人才。传统出版业中缺乏既懂数字技术又熟悉出版业务的复合型人才。随着我国出版社全面转企改制工作的推进,出版市场特别是数字出版市场将会吸纳更多复合型人才的加盟。传统出版业的体制与运营机制还没有与数字出版这个新兴产业全面接轨，构建一个清晰化的商业模式似乎还需时日，大量的传统出版机构依然是数字出版的旁观者，至今没有实际参与的动作。

版权保护制度还需完善。在数字出版领域，版权保护的问题较为突出。数字出版的繁荣是不可能建立在一个缺乏对原创知识产权尊重与保护的环境下的。从技术上看，传统出版物上的内容可以比较容易地转化为数字形式，出版的发展空间以新的形式得到拓展。

网络为出版提供了更为广阔的发展空间。互联网等先进媒介不会简单地代替传统出版物，而是开拓、满足了读者的新需求，而且还会拓展传统出版的品牌和销售渠道。因此，从传播史看，先进媒介的诞生对传统媒体往往具有包容性，各类媒体具有不同的特点。数字媒体还不能完全取代传统出版，数字出版与传统出版会共存。从发展趋势看，数字出版与传统出版呈现出融合共生、互补互动发展的趋势。

传统出版业编辑人员亟待转变观念。出版业是名副其实的创意产业。所谓创意出版是指出版人凭借个人知识、智慧和创意，对出版活动或出版活动的各个环节进行创新，通过为社会创造精神财富，赢得社会效益的过程。创意出版的核心是创意，没有创意，出版就失去了灵魂，创意只有运用于出版，才能充分发挥其创造的力量。

面对知识经济的到来和数字出版的兴起，出版社需要建设一支高素质的出版从业人员队伍，特别是需要编辑人员素质的转型与提高。这里所说的编辑素质转型是指其思想观念、知识结构、业务能力等的转变，由不适应创意出版转向适应创意出版，开创编辑工作的新局面。具体说来，转型是素质上的更新和变化。在发展创意出版产业的背景下，编辑素质转型已成为编辑队伍建设的重要任务。

一、思想观念的转型

(一)认识观念的转型

出版活动中的认识观念包括对出版活动、出版单位、出版物等性质的认识。传统观点片面认为出版活动属于文化活动，是意识形态的阵地。出版物具有价值和使用价值。以商品生产的性质界定出版活动中认识观念的转型，是编辑思想观念转型的重中之重，是做好近现代编辑工作的重要条件。

(二)思想意识的转型

编辑的思想意识主要体现在质量意识、竞争意识、法律意识等方面。编辑人员对其生产的产品，必须注意质量，应增强质量意识，并把自己的产品推向流通渠道。

(三)思维模式的转型

编辑思维模式转型要求编辑有适应市场经济和改革开放新形势的能力，有从新的角度、用新的方法思考新的问题的能力，有判断包括经济、政治、文化信息不断发生变化的能力。

二、知识结构的转型

(一)从封闭型知识结构向开放型知识结构转变

在当今社会，谁不更新自己的知识，谁就会成为近现代意义上的文盲。编辑要适应网络出版和创意出版的要求，知识结构应成为开放型结构，即对一切有用的新知识开放，通过对新知识的不断接纳和吸收，使自己的知识结构不断得到改造和更新。

（二）从单一知识结构向复合知识结构转变

新型的编辑不应是固守于一门学科的狭隘专业人士，而应成为具有全面性知识的人才。随着网络出版的发展，网络知识在编辑工作中的重要性将大大增加，编辑应该在包括声音、图像、音乐、动画和影像等的多媒体出版中，具备成为“系统制片人”的能力。

（三）从被动型知识结构向主动型知识结构转变

知识结构是影响乃至制约创造力的一个重要因素。未来社会的知识将处于不断地更新中，而出版物作为传播知识的重要媒介，编辑首先就应当具备创新意识和必备的创造能力。

三、业务能力的转型

（一）语言文字能力

编辑要在语言文字方面建立自己的职业优势，就必须比作者更熟悉有关的语言文字规范文件，掌握并能熟练运用文字、语法、修辞、逻辑方面的知识，还要了解并能敏锐识别语言文字应用中的常见错误。写作能力也是出版物编辑的基本功。否则，编辑就容易在加工过程中产生种种“硬伤”，甚至闹出以错改正的笑话。

（二）策划能力

编辑策划以选题策划为主，还应包括市场营销策划、出版单位形象宣传策划等。编辑在进行策划时,要重视信息感知能力的重要性,及时地把握信息,对信息资源进行精细的分析和利用。

(三)社交能力

编辑应把作者、读者视为自己的知音和朋友,与他们建立深厚的感情和广泛的联系,相互理解和支持,若要做好这一点,编辑需具备一定的社交和公关能力,获得各方面的支持,得以创造一个良好的外部环境。

(四)信息技术能力

蓬勃兴起的数字出版有着全新的网络出版环境,出版工作越来越多地与互联网相关联,从而给传统意义上的出版理念、出版流程带来了全新的概念诠释。所以,编辑必须掌握计算机技术、网络技术、多媒体制作技术等方面的应用能力;能熟练地运用电脑,将人脑的信息转录到电脑上,将文字内容转变成数字信息;具备网络运行、硬件维护和软件管理等方面的知识,熟悉保护著作权的技术手段;能熟练制作专题页面,制作多媒体动画,熟练处理图片。出版社编辑只有掌握了这些方面的知识和能力,才能使自己在数字出版发展的浪潮中立于不败之地。

综上所述,数字技术对传统出版业既是机遇,也是挑战,关键在于如何去应对。随着世界范围内数字时代的到来,在大众的阅读媒介已经从传统纸介质开始向新兴媒体转移,电子书、手机书等数字出版的全新载体正悄然兴起且发展日新月异的今天,对于出版业而言,顺应时代潮流,向数字化转型已是大势所趋。出版业只有适应市场经济和出版活动的规律，才能有发展。在数字出版异军突起的形势下，传统出版业编辑只有依据现实需要进行转型，才是一名合格的编辑，才能不被淘汰。

第二节 编辑的职业素养

一、编辑应具有的职业素养

（一）强烈的责任心

作为出版物的编辑人员必须要有强烈的责任心。

一是要充分认识编辑工作的重要性。作为编辑人员，应该深知肩上的责任重大，充分认识编辑人员不但是精神食粮的生产者、先进文化的传播者、民族素质的培育者，还是社会文明的建设者，对民族文化的发展、民族精神的培育、国民素质的提高、国家软实力的提升有着重要的影响。在我国经济社会发展进入关键阶段的条件下，在中华民族实现伟大复兴的进程中，编辑人员一定要继承中国古代和现代编辑工作的光荣传统，恪守职业道德，弘扬职业精神，忠实履行编辑在出版物内容上的责任，牢记编辑工作的神圣使命，为创造民族文化的辉煌尽职尽责。出版物质量的好坏，从小的方面讲，影响出版社的声誉，从大的方面讲，直接影响先进文化的传承，作为新时代的编辑，时刻都要清醒地认识到，出版物质量是出版社的生命线，是出版社品牌和竞争力的核心，同时也是出版社可持续发展的根本保证。

二是要有耐心细致的工作状态。编辑人员要依据出版管理法规和图书编校规范对出版物的编校质量进行认真、细致的检查,逐字、逐句地对书脊、封面、扉页、版权页、目录、正文、封底文字格式乃至图片、标点符号等进行全面的审核,对书中拿不准的要及时请教经验丰富的老同志和专家,要不厌其烦地多方考证,利用权威工具或者其他资料进行比照、甄别,绝不能有半点疏忽和怠慢。

三是要实事求是坚持真理。编辑人员要坚持实事求是、客观公正的原则,对出版物提出的书面意见,举证要翔实,分析要中肯,给予积极的、建设性的修改建议,绝对不能抱有得过且过的侥幸心理,真理面前来不得半点马虎,读者面前来不得半点虚假。

四是要有历史责任感、文化使命感和职业光荣感。我国早在东汉末年就提出了编辑的责任在于立言、存史、育人、资政、传承,立言、存史、传承就彰显了其历史地位。中国正处于一个改革开放的伟大时代,在中华民族发展的历史上可以说是空前伟大的时代,真实记录这个时代的伟大创举,编辑责无旁贷。文化是一个民族的灵魂,在新的形势下,编辑应该以国际竞争的视野聚焦文化的改革与发展,自觉加强文化传播的责任感,突出编辑工作的光荣使命感。

(二)明确的政治意识

编辑人员要有明确的政治意识。

政治觉悟是人们在政治生活实践中领悟政治问题、明辨政治是非的能力和水平。编辑人员在编辑或者对出版物进行质量检查的过程中,必须具有敏锐的政治眼光,如果发现出版物中存在可能造成恶劣影响的词句或者段落错误，一定不能手软，坚决“一票否决”，情节严重的还应报告上级，给予相关的人和单位行政处罚，甚至追究刑事责任。

《图书质量管理规定》中明确指出，政治性差错是出版物最严重的差错。编辑人员必须具备政治敏感性，把防治政治性差错作为编校工作的重中之重，不能掉以轻心。政治性差错无小事，影响面广，后果严重，危害极大。我们这里所说的政治性差错，不是指属于《图书质量管理规定》中“内容质量”范围的整体性的政治立场、思想倾向等违背主流意识形态方面的问题，而是指由于认识上的模糊、技术上的疏忽、文字表述不当等造成的涉及政治性内容的个别差错。如果不保持警惕，就很容易出这类差错。

比如，地图中国界线稍有差池，就有可能引起国际争端；对涉及政治、外交、军事、安全、历史（特别是党史、国史、军史等）、疆域、民族、宗教等方面的敏感问题须特别慎重，注意图书内容是否合乎国家的法律、法规。

再如，编辑如果民族宗教政策观念淡薄，缺乏民族宗教的基本知识，缺乏正确的了解和尊重，而对少数民族风俗进行了错误的描述，或者语言文字的使用伤害了少数民族感情，侵害了少数民族风俗习惯，将会危害民族团结，破坏和谐、稳定的大好局面。

所以，编辑人员还要具备较高的政治理论水平，包括熟悉马列主义、毛泽东思想、邓小平理论、“三个代表”重要思想以及科学发展观的深刻内涵、精髓，能够正确理解和把握党和国家的方针政策，并能将其准确运用于分析国内外发生的大事，要有明确的政治意识，及时了解国家新闻出版广电总局的相关文件规定和标准用语，按照上级的指示精神和要求进行审读把关，发现和排除一切危害国家安全，泄露国家秘密，错误理解党的路线、方针、政策，背离正确导向，违背法律、法规和民族宗教政策，宣扬暴力、色情、迷信和伪科学以及危害社会公德和民族优秀文化传统等的内容。只有具备政治敏锐性的编辑人员，才能对图书中的政治立场、政治观点以及文字和插图中反映的政治倾向具有较强的政治鉴别能力。

（三）较强的编校能力

编辑人员要有较强的编校能力。

编辑要对书稿进行政治性、科学性、技术性、保密性的全面检查，必须拥有牢固的学科专业基础、深厚的文化底蕴、扎实的语言文字功底和熟练运用国家标准和行业规范的能力。

1.要有牢固的学科专业基础。学科专业素养是编辑职业素养的重要组成部分。在编辑过程中，我们可能会遇到很多专业的术语和图书，尽管有现代的专业工具，也可以在互联网上大量查阅，但也很难发现图书中知识性错误，而知识性错误不仅影响图书的编校质量，甚至影响图书的内容质量，所以，编辑要有一定的学科专业知识，或者是要有一定相关的专业知识才能胜任此类图书的编校。

2.要有深厚的文化底蕴。所谓文化底蕴，就是分享人类精神成就的广度和深度，就是学识的修养和精神的修养。编辑仅有学科专业基础是远远不够的，还应该具有跨学科、跨行业、跨领域的深厚的文化底蕴。尤其是当前的大文化、大市场、大媒体、大编辑时代，是知识激增的时代，是知识爆炸的年代，交叉学科、边缘学科日益增多，文理渗透日渐加剧，许多图书在学科分类上已经模糊了界限，这就要求编辑既是本行业的“专家”，又是涉猎广泛、知识渊博的“杂家”。

3. 要有扎实的语言文字功底。能否淋漓尽致地发挥，准确得当地运用语言文字，将直接影响读者对图书内容的理解。一个能吸引读者、感染读者，并能让读者领悟语言魅力的编辑，其一定具有传播知识、传承文明的能力。所以作为编辑人员应努力掌握语法、逻辑、修辞等方面的知识，熟练运用国家标准和行业规范，提高自身的现代汉语、古代汉语和外语等语言的运用能力，同时在编辑过程中要摸清语言文字出错的概率，掌握技巧，捕捉规律。对于上级文件的强制性规定，必须严格遵守；对于没有明确规定的用语，要根据具体语境，灵活运用，不断提高运用语言文字的基本功。

（四）广泛的人际交往

编辑人员要有广泛的人际交往。

人际交往包括三个方面的含义。一是与作者进行全方位的沟通。编辑要与图书作者进行全方位的互动，增加与作者的情感交流，把握作者构思的脉搏，明确作者创造的方向，以提高图书文稿质量。当然，编辑还要与作者建立相互理解、彼此信任的良好关系，为长期合作打下良好基础。

二是与图书各环节人员进行配合。编辑不是孤立地工作，任何图书的出版都离不开各部门的密切配合，图书的文字加工、装帧设计、排版、校对、印刷乃至市场营销等一系列工作，这其中，编辑的平衡和协调作用是至关重要的，编辑就像一根线，串起了各个环节。

三是与同行之间进行交流。俗话说,“同行是冤家”,但在编辑工作中要变成“同行是亲家”,因为在编辑工作中,一个人的学识和阅历毕竟是有限的,同事之间相互交流,互通有无,不但延伸了知识面,也延伸了人际交往的空间。编辑通过建立编辑圈子、编辑社区等可以共享行业信息,共享知识大餐,还可以提升职业认同,开阔眼界,积累人脉。

上诉是近现代优秀编辑都应该具备的素质。时代的发展和科学技术的进步,对编辑的素质不断提出新的要求。广大编辑都应该努力学习新知识、新技能,在编辑实践中充实和提高自己,编、学结合,永不停顿。

二、提高编辑职业素养的措施

我国出版传媒业改革不断深化,在战略、财务、人力以及信息等管理上进行全面调整,这对出版行业的编辑提出了更高的挑战和要求。编辑在整个出版行业占有核心地位,决定着出版社发展的成败,同时还会带来巨大的收益。因此,如何有效提高编辑的素质和能力,增强出版单位的竞争能力,是每个出版社面临的重要问题。下面就如何有效提高编辑素质展开论述。

(一)要不断提升编辑的创新能力和创新意识

编辑的创新能力在一定程度上决定了企业的竞争力。如果故步自封,缺乏创新能力,企业很难在激烈的市场竞争过程中占有一席之地。

1.加强对编辑的培训,提升其创新能力

在有的出版单位中,有的编辑的认知模式比较刻板,观念比较传统,在心理上缺乏效能感,面对新思想和潮流的冲击,不敢迎接新的挑战，更多的是跟着别人后面，采取跟风的策略，被动地接受一些具有挑战性的工作。因此，出版单位要加强对编辑的培训，不断培养他们的新思路和新思想，加强他们相互间的交流，树立"以人为本"的原则，从社会变化发展过程中发现新的题材，寻找新亮点，汲取新血液，预测新趋势，从根本上提高自身的综合素质和创新能力。

2.要不断改革和完善激励、薪酬机制

有的出版社的编辑墨守成规，在工作中对自己要求不严，存在不求有功、但求无过的思想，因为如果编辑出现错误，就会出现很严重的后果，甚至会影响到自己的职业生涯。这就导致编辑在编著过程中，选题都是不偏不倚，缺乏创新性，社会效益和经济效益不明显。因此，出版社要不断建立和完善各种编辑员工的激励机制，做好精神和物质以及事业方面的激励，不断营造新的环境，对于积极创新的编辑要给予一定的物质奖励。

另外，在薪酬制度方面，要不断借鉴国内外的先进经验，必要的时候可以推行年薪制度，对于做出突出贡献的编辑给予额外的奖励，保证一流的人才能够得到一流的待遇，使职工的利益与单位的收益挂钩，采用悬赏的制度，最大限度地提高编辑在工作中的创新性和积极性以及主动性。出版单位要根据自身的实际情况，采用不同的薪酬制度，比如年薪制、利润提成制或者股权分配制度等，不断创新制度，不断增加单位效益。

（二）要提高编辑职业道德素质，完善监督机制

随着社会的不断发展，市场竞争日益激烈，出版行业经常出现东拼西凑和简单重复的书，在论文评定过程中，存在严重抄袭的情况，严重影响出版界和学术界的健康运行。有的编辑为了满足一己之私，不遵守行业规范。因此，出版社要不断完善各项监督机制，提高编辑的责任心。

首先，要对编辑进行小班培训和外派学习，努力提升他们的自身素质和道德素质，从小事做起，从一点一滴做起，完善道德监督体系；同时，出版社要根据编辑的特点对编辑进行专业的道德职业培训，比如通过举办各种座谈会、开展相关的活动和比赛，帮助他们树立正确的人生观、价值观和职业观；完善各种评价体系，使编辑树立正确的人生目标，树立良好的道德模范，自觉遵守相关的法律法规，避免出现违规操作行为和腐败现象。

另外，出版社还要不断建立、健全编辑工作制度，做好编辑的素质教育工作，不断完善道德规范，构建完整的道德体系，在落实过程中，要控制好每一个细节和过程，不断规范编辑的行为，完善整个学术的评审制度，做好职业编辑的道德建设。编辑个人要认真履行自己的职责，坚决杜绝各种假冒伪劣产品，保证出版行业健康、有序地发展。出版社还要建立完善的奖惩机制，对做出突出贡献的编辑进行鼓励和奖励，同时要做好宣传，充分发挥典型示范作用，提高他们的责任心，为新人才的成长提供可靠的平台。对于出现错误和失误的编辑，要根据实际情况进行批评和惩罚，不能包庇和迁就，保证编辑者最基本的素质；要向编辑灌输正确的道德思想，保护人才，避免出现违规操作的行为。

（三）要提高编辑的心理素质

在编辑工作过程中，心理素质发挥了重要的作用，属于核心素质。在出版行业，编辑要具有比较强的社交能力、市场变动能力、灵活的思维能力和准确的判断能力以及过硬的心理素质。编辑要根据作者的实际情况，分析整个市场走向，做好作者的联系和抚慰工作。同时，出版社单位要根据自己的规模和人员组成结构，建立必要的心理咨询平台，对编辑进行必要的健康心理疏导，保证每个编辑达到健康的水平。同时还要进行必要的心态培训，提高培训的针对性和实效性，从而有效解除编辑心理方面的压力，避免编辑在工作中出现不正常情绪。

出版社要根据实际情况，对状态低落的员工和编辑进行必要的安抚，避免过重的任务，避免增加他们的工作压力，保证他们能够合理分配自己的时间。另外，作为出版社，要帮助编辑进行心理方面的调整，以不影响编辑的正常工作；同时还要帮助编辑了解作者和读者的心理特征，为以后的工作提供必要的借鉴和帮助，为单位创造出更多的社会效益和经济效益。

综上所述，编辑在出版社的发展过程中，发挥着核心作用，因此，出版社单位要根据编辑存在的问题，采取有效措施，提高编辑的综合素质和业务能力，要加强对编辑的培训，提升编辑的创新能力，要不断改革和完善激励、薪酬机制，完善相应的监督机制，最大限度地提高编辑的心理素质。同时，编辑要不断加强自我学习，在工作过程中要善于思考和创新，不断实现自我价值，不断选出好的题材和概念；要加强与团队之间的合作，提高工作效率，帮助单位创造社会效益和经济效益，获得良性发展。

根据国家新闻出版广电总局公布的《2015年新闻出版产业分析报告》，“全国共有新闻出版单位31.4万家，全国新闻出版业直接就业人数为448.2万人”，服务大局能力总体增强。“不积跬步，无以至千里，不积小流，无以成江海”，编辑队伍是由独立的个体组成的，需要群体中每一位的倾力付出。

图书是知识文化的载体，编辑在其中的作用不容小觑。在作品组稿、文字编排、图书宣传、编读沟通过程中处处都有编辑的身影。小处来讲，精心打造的作品可以传播知识，让人在阅读中甘之如饴；大而言之，系列图书精品可以弘扬中华文明和民族精神，让中国形象在全球范围内提升，在文化“走出去”中发挥作用。

从职业发展来讲，编辑要立足专业，也要广泛涉猎；要保证图书的品质，又要洞察市场营销状况。上述要求看似截然相悖，却又要实现完美融合，这对编辑人员提出了挑战，需要编辑人员培养职业情感。坦诚而言，出版社改制后入职的编辑无事业编制，相对应的住房福利、子女入学等优惠待遇都消失，加之出版行业总体待遇不高，能在出版机构坚守的，确实是出于对职业的热爱。

编辑人员要定好职业规划，从职称晋升、人脉积累、事业发展、视野开阔等方面获得满足。图书编辑不能定位成“为他人做嫁衣裳”，而要融入主观能动性，搭建读者与知识传播的桥梁；同时要甘于奉献，“淡中知真味，常里识英奇”，强化学科观念和专业化意识，以独特的创意开辟出一片天地。

中共中央、国务院印发的《关于加强和改进新形势下高校思想政治工作的意见》对教材编审工作和教材选用做出了规定，国务院还专门成立国家教材委员会统筹相关工作。因此，编辑要有大局观和政治敏锐度，弄懂、吃透中央精神，研读十九大报告，了解国家战略发展走向，做到心中有数。这并非意识形态方面的上纲上线，而是一种基本的思维观念。“千里之堤，以蝼蚁之穴溃；百尺之室，以突隙之烟焚”，国家治理并非易事，必然要有一些规矩和原则，需要大家共同遵守。图书出版涉及文化传播，任何方面都不容马虎，编辑要对国家政策了然于胸，知晓哪些原则和红线不能触碰，这既是对作者负责，也是对读者和自身负责。

“言之者无罪，闻之者足以戒。”或许有人不以为然，认为编辑只要做好分内工作即可，不必担心其他事宜。实际并非如此。文化产业对人的影响是潜移默化的，尤其是高校出版社出版的书籍中有大批是教材，一旦出现问题，不仅会给出版社带来不良影响，还会影响编辑的职业生涯，也会给公众带来负面效应，所以，编审过程需要慎之又慎，问题必须尽早发现、当即处理。

在当前复杂的国际大环境下，图书编辑要兼具国际视野，提升综合素质，做好编读沟通，服务社会大众，及时扣住“互联网+”的脉搏，紧随国际图书行业发展潮流，在丰富时代内涵和传播中国声音中发挥积极作用。

第六章 图书出版中编辑的作用和重要性

在整个出版链条中，编辑工作是龙头与核心。在这个重要的位置点上，传承与发展，引介与创新，无不考验着编辑的学养与能力。

一、编辑能力及其重要性

编辑能力是编辑在联系作者、策划选题、编辑加工、确定图书形式、定位目标群体、预估图书印数、撰写宣传文案、协助发行等工作中所体现出的功力。

一本图书从孕育到诞生，每个环节都有编辑的独特印记。这种工作模式可以让编辑对一部书稿的指导思想顺畅地贯彻始终，但同时，对编辑能力的要求也随之提高：开阔的视野和尽可能全面的学养、服务的耐心，以及对图书的热情和担当的勇气，都是不可或缺的能力。以什么样的形式出版什么样的书，是与编辑的眼光、品位、素养、境界大有关系的，中华五千年的文化传承成果中，都不同程度地体现了编辑的痕迹。

从古代的孔子、司马迁、刘向、刘歆父子、班固、刘知几、章学诚等，到近现代的张元济、王云五、陆费逵、邹韬奋、章锡琛、叶圣陶、巴金等，他们的编辑活动和编辑思想都与当时的文化发展和文化取舍密不可分,他们在中华文化血脉的形成和文化精神的铸就中深深地烙下了印记。

二、编辑能力的作用表现在出版各个环节上

(一)编辑能力表现在图书选题的策划上

图书的选题策划,不是一个简单的概念,内容包括掌握文化走向和市场动态、善于开发已有资源的现时价值、通晓如何使新的或者有特点的书稿被广大读者认可。

当今时代,市场多元,读者口味繁多,作为市场竞争的重要参与者,编辑若不具备相当的能力,策划选题靠跟风撞运,或者应急于一时,行多远未可知,背负重压、疲于应付的工作状态将不可避免。

(二)编辑能力对图书内容质量的影响

在当今这样一个急速发展的时代,一本书的出版周期较以前大为缩短,如何保证图书内容的质量,编辑能力的高低,就显得尤为关键了。

依赖校对发现错词、病句,显然是不够的。如何对稿件去伪存真、去粗取精,像磨刀石一样将书稿打磨成精品,是考验编辑能力的试金石。

(三)编辑能力作用于图书装帧

当下图书设计、印装工艺的快速发展,为图书形态的多样化打下了坚实的基础。其实,丰富的形态、多样的方法,更加考验编辑的能力。图书的本质,是靠内容树立的产品,形式上的各种纹饰,必须服务于内容。而对一本书最清晰的设想都存在于编辑的头脑中,比如该书的内容、目标人群、开本大小、

成本控制、读者的购买承受力、定价的确定、市场的可能等。

如何向设计人员传达这些思路，探讨适合的设计印装技术，实现或者提升原初的策划设想，这中间的坚持和采纳，也是编辑能力的一个方面。

（四）编辑能力对图书宣传发行的影响

图书出版完成后，如何令自己编辑的图书得到广泛的认可，也在很大程度上考验着编辑的能力。既要坚持最初的设想，又要随机灵活调整，细致到投放市场的时机，具体到宣传用语、发行方式，以及倚重什么渠道推广、什么样的作者适合签售、什么样的作品适合开研讨会或者发书评，根据目标人群，在媒体空间里，突出图书内容的哪一部分，包括制造有效应的相关噱头……这些都需要编辑的配合。

三、如何提高编辑功力

1.热爱图书，不断增加自己的书感，并利用一切机会积累知识和学养。首先，通过编发书稿进行积累。史章典籍、学术书稿有相当分量的知识点和信息，大众读物类书稿也含有一定量的信息和知识，由此，编辑过程可以看作一个学习、储备知识的过程。检查核实，既是检验书稿对错的手段，也是丰富知识的一个途径。其次，抓紧点滴的业余时间广泛阅读，勤逛出版社，借助读书增长知识和感受的同时，学习他人的选题眼光和编辑经验。

2.利用一切可能增加读写交流的机会，建立起广泛的信息通道。出入学术研讨会，参加各种文化活动，了解学术动态，发现作者并与之建立良好的朋友关系，既有利于组稿，也是增强策划能力、把握书稿质量的重要步骤。同时，还要尽可能广泛而充分地了解读者的需要，包括对读者类群的细分，以使自己编辑图书的目标更明确、清晰。

3.了解和掌握编辑工作之外的图书出版技术知识，加强同各有关环节人员沟通的能力。一本图书的出版，历经设计、装帧、印刷、宣传、发行等多个环节。了解和掌握这些方面的知识，保证各环节沟通便捷，使图书出版畅行无阻，也是编辑能力的一个重要方面。总而言之，好的编辑已经成为出版社的灵魂和品牌，他们不仅能给出版社创造社会效益，也能给出版社创造经济效益，是出版社的竞争利器。①

就目前的市场化经济社会发展来看，要出版图书，需要经过选题和调研、编纂和校对，最终通过印刷和装帧才能形成完整的图书，进而进入市场中被消费者选择和阅读。在整个图书的出版过程中，责任编辑发挥着重要的作用，可以说，责任编辑是图书出版价值性、意义性以及经济性的重要控制者。所以，充分认识图书出版过程中责任编辑扮演的角色，并将这种角色责任进行放大和利用，将有利于提升图书出版的综合效果。

在近现代图书出版社当中，包含了几十种甚至上百种书籍，内容繁杂，涉及面广，文体复杂，引文众多，而且大多成于众人之手，编辑的知识水平、工作态度、工作方法都不尽相同，要保证它们的体例统一规范、编校精良，实在是一件很难的事情。作为图书出版流程中书稿质量的主要把关者，编辑对保障图书的质量起着相当重要的作用。

保证图书质量的措施，概括起来，就是“统一、规范”四字。

①贺畅.探析编辑在图书出版中的作用[J].出版参考,2013(31):26.

一般在编纂之初就会制定一个编例，说明图书的内容和编纂体例，作为图书编纂的依据和标准。编例是贯穿全书的写作规范，用以保证全书体例统一。近现代图书出版社，因整理者比较多，难免会有些不够统一的地方，这就需要编辑在审稿过程中，以专业的眼光吃透编例，并以出版的要求对之进行统一、规范。一套书的校勘方法是否统一，所整理古籍选择版本的标准是否统一，对版本的著录是否要素齐全、语言简明，对版本流传的描述是否准确，对古籍作者的介绍是否准确、介绍的角度是否相对一致，对古籍价值的评价是否客观、中肯，每部古籍的目录、序言、跋语等辅文是否完整，目录与正文是否一致，引文与原文是否一致等，这些看似细微的地方，都需要编辑精心审读、把关。

近现代图书出版社的图书一般在所收的每部书前都有“说明”，介绍本书的作者、作品内容、作品价值等。这里，编辑应重点把握其对作者的介绍是否准确，因为不少书籍作者的姓名、生肖等有不同说法，要注意采用最权威、最通行的说法。对版本流传的介绍应比较专业，编辑应多查资料，尽量保证版本的著录要素如版本形态、刊刻时间、刊刻地点、刊刻者等信息的完整准确。

在图书出版过程中，编辑有着非常重要的作用。具体地说，主要表现在两个方面。

在选题计划的制订和落实过程中起组织领导作用。选题计划是编辑出版工作的基础。在制定选题的过程中，编辑室整体能力的发挥和每一个编辑个体能力的充分施展，这一切都必须要取决于编辑室主任的作用。编辑应该充分调动起自己的积极性，发挥集体力量，对选题进行研究，对图书的市场需求广泛调查，集思广益，发掘出好的选题。编辑在选题具体实施中的作用也同样重要。组稿和审读加工是选题落实的重要环节，选择合适的作者是保证书稿质量的前提。编辑平时要注意编辑队伍的建设，鼓励并指导自己建立与作者的广泛联系，广交朋友。

在图书的质量把关上起重要保证作用。我社和大部分出版社一样，对书稿实行的是三审制度。一方面，在初审中，责任编辑审读加工可能有疏漏或错误，通过二审把关，可使书稿质量得到进一步提高；另一方面，任何一个编辑都不可能对所有的专业知识十分熟悉，也就是说，要求他们在学术上为所有的书稿把关，并且做到完美无缺，是不现实的。

四、数字出版环境下编辑的功用

在传统媒介开始数字化转型和跨媒体发展的今天，渠道过剩和内容贫乏已经成为有目共睹的一对矛盾。

众所周知，传统媒体的新闻编辑是为单一载体编制新闻内容的专业人员。而当传统媒体实现数字化转型，变为多媒体集团中的一分子，并且这一集团又是以媒介互动与融合为运行规则的时候，新闻编辑显然不再只是过去人们熟悉的“把关人”的角色了。新的工作平台一方面在调整甚至削减他们固有的权力，另一方面又在赋予他们新的职责和能力。这场变革是对编辑人员的严峻挑战，更是决定新闻传媒能否生成产品链和价值链的关键一战。

（一）繁杂无序信息的鉴别者

人类已有的和不断产生的知识信息来源广泛，形式多样，内容繁杂,动态性强,规律地散见于各种载体中,信息的繁杂和无序为数字环境下编辑的鉴别能力提出了前所未有的挑战。编辑必须从内容到形式对繁杂、无序的信息做出谨慎鉴别,选出读者真正需要的信息,提高读者获取和利用信息的效率。

(二)传统“把关人”角色的延伸

数字出版环境延伸了编辑的“把关人”角色,为其赋予了新的内涵。随着受众文化水平和鉴别能力的不断提高,受众成为信息传播中更加主动的一方。编辑必须把“引导”受众接收信息变成“引导”受众主动搜集信息,把“严把关”变成“巧指路”,数字时代的编辑应充分尊重受众的个体性与创新性,适时更新观念、调整战略,以一种客观、公正、平等的评判标准与评判精神来选择和建构信息。

(三)个性化阅读需求的服务者

数字化时代的阅读需求促使出版从泛出版、大众出版向小众出版、专业化出版转变。这就要求编辑在平时的工作中,重视对小众阅读的选择和策划,为各层次读者提供针对性的优化内容,成为个性化阅读需求的服务者。在数字创造的个性化时代,当编辑把大众变成小众,小众变成专众,全心全意为自己的小众市场提供服务时,盈利就是必然的了。

(四)内容资源的整合加工者

数字出版环境下的编辑需要对内容资源进行深度加工、分类、管理,以满足用户灵活、便捷获取信息的要求,内容资源越多,编辑的分类、标引工作就越重要,标引格度越深,加工越细致,就越能提高内容资源的使用价值,这是数字时代编辑最大的价值体现。

（五）知识信息的数字化传承者

出版业对人类知识、文化的传承起到了至关重要的作用。传统出版业以纸质图书的形式记载信息，经历了上千年的发展，纸质图书目前仍是不可或缺的出版形式。自人类进入信息化社会，承载知识、信息的载体形态越来越丰富，如光盘、电子书、数据库、各种手持阅读器等。作为人类文化和知识的重要传承者，编辑在数字出版环境下更多的是对内容进行数字化编辑加工，实现与以上载体形态的融合。因此，在数字技术快速发展的今天，编辑成为人类知识信息的数字化传承者。

数字出版近年来在我国迅猛发展，全面数字化转型是传统图书出版未来的必然发展趋势，数字出版对传统出版业产生了巨大影响和冲击。编辑是资源的优化者与充分利用者。事实上，传统媒体正在寻求新的竞争方式。媒体产业现在有一个关键词是“整合”，传统媒体也正在探索整合的多种形式，那么，什么是整合呢？整合是通过新闻编辑的内部合作以及外部的伙伴关系，共享并交叉推广来自不同媒体的信息。

迄今为止，贯彻媒体整合理念的最广为人知的例子是以美国佛罗里达州坦帕市为基地的“媒体综合集团”。该集团在2000年新建了一栋大楼，将旗下的《坦帕论坛报》、电视台和坦帕湾网站全部集中在一起进行运作。例如，在报道一座雕像从某购物中心被移走的新闻时，《坦帕论坛报》刊登了摄影记者拍摄的一张照片，这位编辑同时也为电视台摄像。

结果就是，当今的新闻工作者不应认为自己仅仅是电视台记者或报纸编辑，而应把自己定位为可以欣然地在不同环境下工作的新闻专业人士，工作范围可以囊括互联网网络、杂志、非营利性组织，甚至是公共关系与广告业界这样的相关领域。

媒体融合带来了对新型编辑的需求，因而，编辑应既能处理杂志或报纸的新闻故事，又能编辑影像及其说明文字。对于接受过不同媒体交叉训练的人才的市场需求，虽然目前尚不明确，却在与日俱增。作为图书出版过程中最关键的环节——编辑，其地位的重要性不言而喻。编辑除了要做好文案处理工作，还需要直接参与到策划营销方案的制定过程中，从选题的策划、确定组稿等过程直至图书的销售，充分发挥其图书营销主体的作用，争取在有限的条件下，尽可能开发图书的周边产品，实现利润的最大化。

目前，图书市场的竞争日益激烈，不少图书出版社的图书产品选题内容大同小异，令消费者眼花缭乱，这就需要我们对产品进行一定程度的包装，让人产生“眼前一亮”的感觉。图书市场应改变传统的思想观念，将营销放在图书销售过程的首要地位。

随着时代发展，图书营销成为一种全新的经营理念。跟以往等待读者主动上门购买图书的方式不同，图书出版业需要主动将图书拿出去“推销”。具体的营销方式就是有主题地、有针对性地开展一系列图书促销活动。在进行促销活动之前，必须进行充分的市场调查，了解市场最新流行的文化热点，分析不同人群的需求，确定营销主题。在整个过程中编辑需要根据市场的需求变化来确定图书的选题、组稿，同发行人员一起打造市场，最大限度地获取经济上的效益。

图书编辑者要准确把握时代的潮流，选取符合近现代主流读书群体口味的书籍,获得版权之后,可以通过网络平台以及纸质媒体等平台与读者进行有效互动,制造相关热点话题,为图书的出版造势。

图书营销活动的前提是确定读者的定位。只有做好读者定位,才能做到“有的放矢”,因此,编辑需要将不同层次的读者需求纳入考虑范围,了解读者的心理及情感的需求,编辑一些能够让读者产生共鸣的图书,引发他们购买的欲望。

在图书内容风格的定位充分满足读者的心理需求之后,还需要在视觉上充分引起读者的兴趣,这就需要在封面设计和制作上做文章了。在设计封面时,除了要考虑封面的文字内容外,封面的材料以及工艺也是需考虑的。不同书籍的读者群不同,编辑需要根据不同人群来进行封面设计。例如:《蛋白质女孩》的读者群大多是都市白领,对于品质较为讲究,因此,该书的封面采用双扉页、封套等较为华丽、烦琐的制作工艺,在视觉上打动消费者。而《电车男》的读者群主要是低端读者,所以,简洁、明了的封面设计应当是首选。编辑在图书的营销过程中,不仅要了解市场需求的变化,还需要学会去策划并引导市场发展。

目前市场上的图书,大多都是由民营文化公司策划,然后与出版社合作出版的。与传统出版业相比,民营图书出版业在营销策划方面更加出色。然而在市场经济利益的驱使下,不少民营策划公司过分专注于经济效益,以致忽略图书内容的专业性和可读性,出版水平参差不齐。因此,编辑除了要提高自身的营销策划能力外,还需要有全局观念,把握时代发展趋势,高瞻远瞩,充分挖掘图书的价值。以近几年来图书业中的销售奇迹《谁动了我的奶酪》为例，在最初引进该书时，由于其文字内容较少，不少传统的出版社的图书编辑并不知道如何下手，在传统观念束缚下，这本书一开始并没有得到重视。

然而民营策划公司北京读书人俱乐部却不这么认为，他们经过大量的策划及对市场的充分调查，最终为读者们展现出一本跟传统图书完全不一样的图书，开拓了图书出版业崭新的出版理念，最终使该书创下了我国图书史上的销售量奇迹，并且对社会各阶层的读者群都造成了相当大的影响。这本书的出版成功完全取决于当时策划编辑拥有卓越的市场眼光以及过人的胆略。当觉得无路可走的时候，不应该是放弃，而是应当去探索一条全新的路径，当然这种探索不是盲目的，是建立在对市场的整体把握，以及反复探讨修改营销策划的基础上，这样才能取得成功。

此外，一个好的编辑还应该前往销售的第一线，去了解一本书在出版社柜面上的位置，再了解这个出版社的主要消费群体，调查取样，并建立数据库，便于后期可以有针对性地运作同类型图书。此外编辑还需要经常与读者进行有效的沟通交流，具体形式如建立一个读者群，向读者更新我们所要策划的图书内容，让读者第一时间获悉相关信息，并且可以征集读者的一些建议，了解他们的看法，在营销策划的过程中，可以适当借鉴、参考这些建议，满足消费者的心理需求，这样才能更好地引起读者思想上的共鸣，同时在很大程度上激发起读者的购买欲。

编辑在图书的出版中是至关重要的，也是其中不可或缺的一个重要环节。时代的发展和科技的进步对我国的出版事业提出了更高的要求,与此同时,编辑所承担的责任也开始有了质的变化。出版社编辑的工作已不再是传统中对书籍进行相应的编辑和策划,而是往更加综合的方面发展,逐渐开始承担起如营销等其他各方面的工作。因此,出版社编辑也需要通过对自身专业能力的培养和营销技能的提高来发挥自身在营销中能起到的有利作用。

当然,出版社编辑工作内容的丰富也需要对编辑自身的工作能力有所提高,因此,在经济水平不断提高的当今社会,为了使自身的专业技能、职业素养和工作能力得到有效的提高,并使自己在营销中发挥有效的作用,出版社编辑应当更加努力,通过不断的学习来促进自身的有效发展。

第七章 图书宣传中编辑的作用和重要性

目前,图书市场的竞争日益激烈,不少图书出版社的图书产品选题内容大同小异,令消费者眼花缭乱,这就需要我们对产品进行一定程度的包装,让人产生“眼前一亮”的感觉。图书市场应改变传统的思想观念,将营销放在图书销售过程中的首要地位。作为图书出版过程中最关键的环节——编辑,其地位的重要性不言而喻。编辑除了要做好文案处理工作外,还需要直接参与到宣传和策划营销工作中。

一、编辑在图书宣传中的作用

市场环境下的现代书业离开了宣传是万万不行的,这在业内早已是共识。成功的宣传策划、到位的市场操作成就了一本本畅销书,创造了一个个发行神话,市场宣传对图书发行往往起到“好风凭借力,送我上青云”的作用。

一本书就是一个项目。编辑在这个项目中应该扮演总导演的角色。市场营销、宣传策划的理念应该从选题开始,贯穿编辑工作的全过程。具体来说,编辑在此过程中应做好以下几个方面的工作:

(一)根据图书特点找准卖点

所谓图书的卖点,就是图书的特殊性,也是其核心竞争力，它是吸引读者的亮点和刺激点。编辑要找准图书的卖点，一要具有高度的洞察力，非常了解所要宣传的图书；二要具有高度的敏感性，能抓住读者的兴奋点，只有这样，才能找出图书和读者之间的契合点，也就是图书的卖点。卖点因书而异。名人出书的卖点就是名人自己，例如，冯小刚的《我把青春献给你》、白岩松的《痛并快乐着》、余秋雨的《借我一生》，名人本身就具有很强的号召力。《大宅门》《哪吒传奇》《玉观音》的卖点在于影视互动，而电视剧在银屏的火爆也带动了图书的旺销。①

图书不同，卖点也不一而足。找准卖点是图书宣传成功的第一步，是撕开市场口子的关键。要做好这项工作，编辑就要吃透图书、吃透市场，深入挖掘市场。

（二）根据读者定位找准媒体

媒体是图书宣传的重要载体，有大众媒体和专业媒体之分。不同的图书应该针对自己的读者群体选择不同的宣传媒体，这与图书市场的细分化应是对应的。选择适当的媒体，所要传达的图书信息就会顺畅传递到目标读者那里，宣传才是有效的；选择不适当的媒体，无异于对牛弹琴，往往事倍功半。例如，社会小说最好选择晚报、休闲杂志作为宣传媒体；青春校园读物的宣传重点应放在学生关注较多的青少年报刊、网站上；而一些理论性强、文化含量高的图书放在学术类杂志上宣传就恰到好处。例如，周国平的《岁月与性情——我的心灵自传》是一部反映知识分子心灵史和感情生活的作品，这类书的宣传放在文摘类杂志宣传比较合适，而一些时尚小说放在

①王蕾.编辑在图书宣传中的作用[J].中国编辑,2005(5):69-70.

网站上宣传则效果颇佳。市场环境下,图书宣传是要付出相当的成本的,在图书的“微利”时代,想花最少的钱起到最好的宣传效果,编辑就要在选择媒体时,好好动一番脑筋。

编辑在平时不但要和与自己出书领域相关的媒体多沟通,了解每种媒体的覆盖面、风格、王牌栏目等,而且要跟媒体记者、编辑建立良好的互动关系。这样,在选择宣传媒体的时候,才能有的放矢。

(三)根据不同图书选择不同的宣传方式

对编辑来说,启动一个图书宣传项目之前,要有系统的方案、周密的安排。媒体宣传是图书宣传的重要手段,但不是唯一的手段。除了发书讯、书评、书摘,做连载、专访之外,编辑还可以根据图书的具体情况选择不同的宣传方式。新闻发布会、作品研讨会、签名售书是图书宣传的“老三样”,现在仍被广泛地采用,而市场环境下,图书的宣传方式也在不断翻新花样。

比如,《牵手》一书的宣传就是借电视剧热播之风,组织作者王海鸰、演员和观众展开对电视剧人物命运的讨论。《告诉孩子你真棒》出版后,作者卢勤联合各地妇联等组织专题报告会、演讲,以配合媒体报道。《哈利·波特》丛书在全国各地选择同一时间首发,不但在媒体报道方面占尽风头,而且卖场宣传跟进非常到位,招贴画、易拉宝、图书码堆、礼品发放……在各大销售店做足了现场文章。《狼图腾》刚出版时市场反应比较冷淡,编辑把书寄给歌星腾格尔、海尔的张瑞敏、作家周涛、评论家孟繁华,请他们写评论文字,并把他们的推荐词放在封底,又找赵忠祥、白岩松、潘石屹、李敬泽等名人联合十几家媒体推介，在电台长篇连播，终于，让中国书界的2004年成了一个“狼”年。畅销必有理由。每一本畅销书都释放着一次成功的市场运作，每一期全国畅销书榜单都排列着辛勤的努力和创意的灵感，如今，图书市场在激烈的竞争中趋向成熟，在细分中趋向专业。现代出版业对编辑角色的要求已从传统的“文字处理者”转变为图书项目的“策划经营者”，编辑只有在市场的风浪中不断锻炼自己、提高自己，才能适应现代出版业的激烈竞争，才不会被市场的浪头抛在沙滩上。

一项工作的成功与否，往往与宣传活动有着密不可分的关系。宣传工作在各个领域都有着极其重要的作用。

一项科学理论的出现或一项科学技术的发明，如果不能及时地宣传出去，就有可能不被承认或延误了它的作用的发挥。近现代图书出版社工作也是如此。宣传是一项必不可少的重要活动。

近现代图书出版社的编辑在图书宣传的过程中，起到的作用是非常重要的，因此，应当加强对图书的宣传力度，以提高人们对近现代图书出版社的认识。近现代图书出版社代表着一个国家科技和文化事业发展的水平。近现代图书出版社在现代化建设中有着极其重要的作用。近现代图书出版社不仅具有简单的收藏和借阅功能，它还具有传递情报、教育人民、保留文化遗产等功能。一个人的知识量和记忆力是有限的，他必须借助于近现代图书出版社来完善自己。

一项科技发明，它的整个过程，大约有一半的时间要花费在查找资料上。认识不到近现代图书出版社重要性的人，就不会很好地利用近现代图书出版社。不会很好地利用近现代图书出版社的人,手中也就缺少了一把打开知识宝库的钥匙。

1.加强宣传,可以提高近现代图书出版社的利用率。近现代图书出版社是个巨大的能量体,它能释放出多大的能量,决定于我们的努力程度。假如近现代图书出版社的藏书很丰富,假使我们业务工作做得也很好,但读者不知道怎样去利用,读者没有发现近现代图书出版社有着很大的优异处,岂不是白白浪费了人力、物力、财力?

近现代图书出版社的图书资源能被利用,这是有很大益处的,现在,我们常见一些推销员奔跑于全国各地,广为推销他们企业的产品,其实这也就是在宣传。不广为宣传,产品就不可能深入千家万户。图书出版的过程也是这样,当人们知道了图书的重要性,通过近现代图书出版社各个部门的职能,知道了如何去利用目录和工具书,知道了如何查检资料,这样,我们近现代图书出版社图书的使用率才有可能提高。

2.加强宣传,可以促进编辑的工作。近现代图书出版社处在被读者监督的环境下,我们受读者的监督,有了外部的压力,就会想办法搞好各项工作。读者经常利用近现代图书出版社,就随时可以发现,我们哪些工作做得好,哪些工作做得还不够。这些信息反馈回来,编辑就能知道,我们哪些工作是适合读者心意的,哪些工作还不符合读者的期望。通过实践,找出差距,这样才更有利于编辑开展各项工作。当然,在对近现代图书出版社进行宣传时,还有一个着重点的问题。应重视近现代图书出版社在现代化建设中,在为科研教学服务中的地位和作用。就如前面所讲述的,知道了近现代图书出版社的地位、作用,人们才会有利用图书的热情,才能提高图书资源的利用率,才能促进编辑的工作。

3.应注意近现代图书出版社各个部门职能的宣传。近现代图书出版社按职能来划分,一般划分为办公室、采编室、流通室(书库)、阅览室、情报资料室等部门,读者了解了各个部门的职能后,就有了方向性,知道了什么问题该去何处解决,这样,就可以减少盲目性,提高效率。而且读者可以充分利用有关部门的功能,开阔视野,丰富知识,解决难题,这样日积月累,就会收到意想不到的效果。

应注意近现代图书出版社图书基本知识的宣传。如目录的种类和使用,分类法基本大类的分类情况,一些字母、数字、符号的含义,目录卡片基本项目的含义,对一些常用专业术语的介绍等。

4.应注意对近现代图书出版社新到图书的宣传以及馆藏的宣传。当今科学技术飞速发展,尤其是自然科学知识的时效性降低,我们若不及时提供最新情报信息,就会失去"近现代图书出版社能快速提供资料"的作用。再则,不对新书宣传,人们若不经常阅览近现代图书出版社的卡片目录,就不会发现可供利用的新书。宣传馆藏也很重要,馆藏更换速度很快,不经常性地宣传馆藏,读者就很难更深一层地去利用近现代图书出版社。

我们可以通过多种形式对近现代图书出版社进行宣传:①举办展览会;②编辑、发行近现代图书出版社宣传材料;③开展"图书馆宣传周"活动;④在馆内出墙报、黑板报和宣传栏;⑤通过演讲会、短训班的形式宣传等。宣传形式多种多样,其目的只有一个,那就是提高近现代图书出版社的地位,以便更好地利用。综上所述,宣传近现代图书出版社是近现代图书出版社工作的组成部分。近现代图书出版社工作者首先要重视这项工作。宣传可使我们的工作从内向型转为外向型。宣传可使社会上更多的人了解近现代图书出版社,关心近现代图书出版社,利用近现代图书出版社,支持近现代图书出版社。只有社会上了解、关心、利用、支持近现代图书出版社的人越来越多,近现代图书出版社事业发展的道路才会越走越宽的。

二、编辑与图书市场营销工作

(一)市场经济要求编辑工作向前后延伸

在传统的出版业中,编辑主要担负着对作品进行选择、组织、审读、整理和加工的角色,而在新的市场经济条件下,编辑需在原有定位的基础上进行提升,需多角色、多角度地进行编辑工作。这是出版规律的要求,更是市场经济的需求。

编辑是图书营销的参与者和策划者,是营销工作顺利开展的重要保证。这是新的形势下编辑需要满足的新要求。也正因如此,国内各出版社不断地探索适合自己的营销模式,从最初的把编辑工作和发行工作分开的“编辑室和发行科”模式,发展成“编辑部和市场部和发行科”模式、“编辑部和销售中心”模式,以及“编辑与营销紧密结合”等模式。这些都说明无论何种模式,编辑工作不再脱离图书营销工作,而是和图书的营销工作紧密相连。

(二)编辑具有天然的参与市场营销的优势

与图书发行人员相比,编辑具有天然的参与市场营销工作的优势，熟悉专业知识，了解图书特色，能够针对读者需要，协助和指导发行人员进行有针对性的图书营销活动。在科技出版领域，比如专著或者教材的出版作者掌握行业发展趋势，了解动态和热点，因此，作者能够及时、准确地提出出版意见，甚至可能帮助出版社销售一定数量的图书。编辑与作者之间的沟通优势，使得编辑对图书内容特色、读者层次等信息比较熟悉，能够准确抓住图书卖点，及早制订出合理的营销计划。有些图书虽然读者对象不一样，但由于书名相似甚至一样，容易使发行人员混淆。

由于读者对象不同，图书的内容设置、编写角度、专业深度等方面也有很大不同，在图书销售时也应该区别对待，编辑与发行人员沟通后，能很容易地解决这个问题。另外，编辑可以联系有影响力的专家，利用专业媒体、专业会议等渠道开展相关营销活动，比如召开新书首发、作者签售等活动，这些都能取得很好的效果。

（三）增强编辑的图书营销意识

为了更好地推动图书市场营销工作，提高图书市场营销水平，应增强编辑的图书营销意识。为了推动图书营销工作，近现代图书出版社应经常组织编辑和营销人员进行业务交流，通报图书出版情况，介绍图书销售情况，及时反映读者意见，努力做到使销售人员了解出版计划，掌握重点书的出版进度，使编辑了解图书市场，把握读者的购买意向，指导和协助策划编辑开发更多的优质选题。

（四）编辑如何参与市场营销工作

编辑的营销意识应贯穿图书出版活动的始终，其中特别要注意几个重点环节。编辑在选题策划阶段就要有一个明确的营销计划，对内容结构、装帧设计、定价、印数、出版时间等提出具体设想，一些重点书的策划要及早和发行人员通报，共同制订宣传推广计划，组织相关营销活动。一些辅助手段，如请作者提供营销的渠道甚至帮助完成部分销售任务，请有关企业做广告等也都应该在编辑的考虑范围内。编辑在书稿发稿阶段，要做到头脑清楚，根据成本预测，与设计印制人员共同制定合适的纸张开本设计方案等，控制稿件篇幅，确定有利于销售的图书定价。

在图书销售阶段，编辑要充分发挥主观能动作用，积极、有效地帮助发行人员及时、准确地了解图书情况，着重介绍图书的内容特色及作者对图书的宣传作用等信息，协助解决图书宣传销售过程中的有关问题。应有针对性地向发行人员提出合理化建议，例如发货地区的划分和其他的特殊注意事项等。针对销售较好且需要重印的图书，或重印次数较多的图书，编辑应充分利用市场反馈信息，认真分析其热销的原因，抓住读者兴趣，及时组织作者修订，并策划相关图书出版。

（五）编辑营销与发行部门的关系

编辑在出版流程中的地位和作用决定了编辑在营销活动中主要扮演策划指导的角色。但是编辑的营销活动不能取代发行人员的营销活动。编辑要处理好与发行人员的关系，真正认识到编辑人员与发行人员的市场营销活动并不矛盾，而是可以结合在一起的。应该明确，编辑和发行人员都是出版社营销体系的重要组成部分，应目标一致，互相协助，各司其职，各尽其责，共同推进出版社的营销活动。

在市场营销活动中，编辑应该虚心向发行人员求教，了解发行部的想法和要求，协助发行部门完成图书销售活动，根据发行部门的工作情况，及时、准确地提供有价值的信息。编辑要充分利用自身优势，和发行人员紧密结合，充分沟通，及早制订营销计划，多从发行角度考虑问题，多提建设性意见，供发行部门参考。编辑在图书营销过程中要特别注意不能干预发行部门的工作，应该尊重发行人员的劳动，掌握好工作尺度。有些营销手段，例如利用专业媒体、专业会议等渠道开展图书宣传，联系专业中有影响的专家开展相关活动，通过博客、网络、群以及相关专业的论坛发布图书信息等，可以由编辑来完成。有些营销渠道，如出版社码堆营销、特惠促销区域重点推荐等，则需要发行人员去实现。

编辑在具体工作中，应采取实事求是的态度，避免不切实际的想法，多听取发行人员的意见和建议。

三、图书宣传、作者推广的重要性

80%的图书在没有宣传的条件下，扔到市场上很难造成反响，而出版社在宣传方面的力度有限，也就意味着图书销售情况不够好。

为了增加图书销量，扩大作者影响力，必须要有推广的团队，只靠作者本人很难做到，而对于多数作者，出版社是不会重点包装的。针对这种情况，图书将更多精力用在作品宣传、作者推广方面，不断尝试更多的推广渠道，帮助作者节省了时间。

（一）文章推广

通过一些影响力较大的平台持续宣传图书内容，目前对接平台包括今日头条、微头条、微博、搜狐号、趣头条、一点资讯、大鱼号、企鹅号。

(二)论坛推广

在相关论坛进行宣传,如豆瓣、天涯论坛、凯迪社区等。

(三)资源推荐

假设作者能够讲课,我们会利用现有资源进行推荐,例如将某位老师引荐至某个学院进行授课。

(四)微课推广

需要作者提供音频、视频内容,在各大平台陆续上线,并负责策划微课内容。

(五)线上培训

针对职场新人、少儿领域进行相关的专业培训,有助于增加收入,扩大影响力。

(六)线下培训

通过整合图书的资源,对接企业,开展线下培训课程。

四、编辑参与图书营销的七件事

(一)与媒体亲密接触

编辑应具有良好的信息意识和较强的信息收集、利用与开发能力。一是利用广告服务,把图书的内容、特点、用途、价格、作者等信息传递给读者和销售商,以便读者了解和购买图书,常见的服务形式有广播、电视、报纸、杂志、广告牌、宣传页、宣传册、横幅、招贴画、形象代言人等。二是利用培训服务,讲解和介绍图书的学术价值、编写特点、体例结构等,常见的培训形式有会前会、培训会、图书研讨会等。编辑最了解图书的学术价值和内容特点，编辑参与广告宣传、培训服务，既能将作者的思想观念、研究方法等信息及时、准确地传输给读者，又能将读者反馈的信息收集起来，便于下一步的选题策划工作。

（二）书评的作用不容忽视

书评在挖掘中国古代文化遗产，促进“百花齐放，百家争鸣”等方面发挥着重要作用。文学类图书的书评较多。我国一些著名的文学家，同时也是评论家。但是学术专著方面的书评太少，一方面是作者自己忙于学术研究，无暇写书评；另一方面是同行专家不能及时得到这类专著，或他们更注重自己的学术研究，也很少动笔写。因此，写学术专著书评的最好人选就是责编，他们最先看到书稿，最了解作者在该领域的研究成果，最清楚该专著的学术价值。书评最好应刊登在相关的专业刊物上。

（三）利用图书的封底设计宣传页

国内通常的做法是，在封底列上同类书的书目，配合每年两度的全国图书订货会的征订单，反复向读者、发行商强化宣传。然而在国外，几乎所有品牌图书后面都附上已出版的品牌书的介绍，一般有7~8页，力求反映图书的全面信息，使经销商吃透图书的内容，选择适合经销的图书，帮助读者了解同类图书的概况，选择适合自己的图书

（四）充分利用网络资源

充分利用因特网、公告牌、出版社网站主页、网上出版社、图书馆网站等资源可有效宣传出版的图书。随着电脑的普

及，许多读者是直接去网上查阅资料，如香港科技大学订购印刷型图书200种，通过互联网络又获得了电子图书34500种，既丰富了资源，又节省了图书购置费。据统计，目前因特网已发展用户1.2亿，平均每天上网的人数达5000万人次，但是网上的中文信息资源仅占因特网上资源的1%。加入WTO后，中国与世界融为一体，并在世界经济中占有重要地位，大量珍贵的富有我国文化、民族特色的资源等待我们去整合，实现信息数字化、网络化，使之呈现于世人面前。

(五)开拓直销渠道

销售渠道可分为分销渠道和直销渠道。分销渠道是通过经销商来批发、零售图书，直销渠道是直接面向终端用户。直销渠道便于加强出版社与终端用户之间的了解和合作，使出版社能更好地做好图书的售后服务工作，同时省去了中间环节，节约了销售费用，增加了图书的销售机会。编辑参与直销，较之营销人员有其独特的优势：一是有自己较为固定的作者群，二是熟悉教材和专著的内容和适宜的读者群，在直销的过程中能充分发挥自己的专业优势。如外教社出版的《大学英语》系列教材之所以能成为品牌，一是书写得好，二是营销工作做得好，尤其是编辑和营销人员一起到终端市场做工作，介绍、推广教材，收到了非常好的效果。

(六)建立编发联席会议制度

从现代出版产业的高度来看，发行人员应该成为选题策划的积极参与者，要了解和分析图书市场的动态信息，及时地制定出选题设计方案，向编辑部定制图书。编辑和发行联席会议的目的就是加强编辑和发行人员的沟通，协调和解决工作中存在的问题，加强与出版社的联系，做好重点图书的宣传和信息交流工作。

（七）树立现代出版新理念

图书宣传不能只靠硬广告，要通过社会公益活动来宣传自己。如《李扬·克里兹英语》宣扬了“要让三亿中国人开口讲英语”的理念，红桃K集团的标志代表的就是“只有逗号，没有句号”的精神。出版行业也应该利用各种资源，树立自己的企业理念。

附 录

附录1 图书结构设计

书籍可分为外观部分和内页部分，前者包括函套、护封、硬封、书脊、腰带、顶头布、环衬页。后者包括扉页、目录、章节页、正文、插图页、版权页，还有书签带。护封是由封面、封底、书脊和前后勒口构成。(做的时候不要忘记留出出血线，也就是装订线)

一、函套设计

亦称书套、书衣、书函等，是包装书册的盒子、壳子或书夹。

1.传统书籍。书套、纸匣、木匣、夹板等，多数使用厚纸板，外裱蓝布。

2.现代材料比较丰富，多用于精装书，为了保护好书籍，达到一种艺术展示效果。"书套"以纸板为胎，内黏纸，外贴布，若四周及上下六面包严，称"四合套"。在开函处制成月牙状的，称"月牙套"，在开函处制成云状或环状的，称"云头套"。"纸匣"以纸作原料，由内三面书匣与外五面匣套两部分组成，从书匣的纵侧面开启，而在另一固定纵侧面上书写书名、著者、书号、卷、册、函数等。“木匣”以楠木等硬木为材，制成五面封闭匣套，盛书时另用两块木块夹垫在书的上下。“夹板”系从木匣简化而来，用纸带通过上下两块夹板上的扁孔，将书紧紧系牢。

二、护封设计

护封，指套在封面外的护封纸，也叫封套、包封、护书纸等，一般用于精装书或经典的著作。护封设计要通过文字、图形、色彩、构成和材料几大元素去体现。

(一)护封各个部分的作用

书脊：一般有书籍的名称、作者名，便于读者识别。

前封：设计比较灵活，一般有书名、作者名和出版社等。

后封：一般是宣传出版社及其他书籍的广告，也可是书籍内容简介或名人推荐，或对作者的一个介绍。

(二)护封的设计原则

基本等同于封面设计，一般应用于简装，如果有了护封，书籍封面一般只印有书名，避免烦琐。护封材料多为坚硬的纸张。

三、书籍的腰封设计

腰封设计是护封设计的一种特殊表现形式。护封一般应用于简精装书籍，而腰封常用于平装书籍上，是包裹在图书封面中部的一条纸带，属于外部装饰物。其宽度约为该书封面宽度的三分之一，主要作用是装饰封面或补充封面的表现不足。

1. 书籍内部组成部分的作用及设计。书籍的内部组成部分包括前环衬、后环衬、扉页、前言、目录、正文、插图、版权页、前勒口、后勒口等。

2. 环衬页。定义：连接书芯和封皮的衬纸。前环衬：在封面与扉页之间的环衬页。后环衬：在书心与封底之间的环衬页。应用：一般精装书籍都是双环衬，平装书也有加单环衬，一般也叫衬纸。

3. 作用。保护书芯，使其不易脏损；可以把书芯与书封壳牢固连接；起封面到扉页、正文到封底的过渡作用；装饰美化的作用。

四、环衬页的设计

许多书的环衬页仅仅是白纸或是色纸。不管是白纸还是色纸，都是大有讲究的，它们的颜色往往与讲述的故事十分吻合，是经过精心挑选的。采用压有花纹或经纬线等肌理的纸张，由于其本身具有的色泽、质地和自然形成的纹样，往往能产生良好的装饰效果。一般来说，过于华丽的环衬页，会让人觉得有点过分而对于现代的造型艺术书籍和摄影画册，采用黑色或其他深色的环衬页会得到一种有趣的强调，是对书籍内容的表现。有采用抽象的肌理效果、插图、图案，也有用照片表现的，设计风格与书籍的内容以及风格应保持一致；应根据书籍分类、年龄层次等设计（科学书籍、理论书籍、文学书籍、儿童书籍、现代风格书籍等）。

1. 扉页。扉页是封面后面的一页，也称内封或副封面，上面印有书名、作者或译者姓名、出版社和出版的年月等。作用：扉页也起装饰作用，增加书籍的美观性。

2. 正扉页。如下：①正扉页上印有书名、作者名、出版者名和简单的图案；②利用左右两面作为正扉页的设计，称为两扉页；③扉页上的字体不宜太大，主要采用美术字，应与封面的字体保持一致。扉页的设计非常简单，并留出大量空白，好似在进入正文之前有块放松的空间。

3. 正色彩的运用。大千世界，色彩斑斓，对色彩美的感受是人类的一种天性，人们长期生活在色彩的环境中，逐渐形成了对色彩的审美意识。色彩作为一个能够相当强烈而迅速诉诸感觉的因素，有主题性，有感染力，可以传达意念，表达一定确切的含义。色彩作为一种刺激，能使人产生不同的情感反应和联想，如兴奋、沉静、华丽、朴素、明快、忧郁、冷暖、轻重等，我们应该充分利用色彩语言来为扉页的设计服务。

五、字体设计

文字就像声音一样，根据其“字体”以及“组合方式”的变化，会感觉到各种各样的音色。文字有着鲜明的个性，不同的书籍有不同的气质和风格，字体的设计体现了这种不同。每一种字体都有它自己的性格，自由的书写体、庄重的黑体、精巧的细线字体，这些都是设计者根据书籍内容选择的不同的字体。字体可有多种选择：图画字体、手写字体、电脑字体、剪贴字体、缺陷感字体、特殊细文字体、重叠字体等。

六、版式设计

扉页的版式设计主要是由版面的面积、比例、疏密、位置来体现设计者的构思，纯文字扉页的构成字体选择要得体，应布局井然，错落有致。文字的编排有多种形式：齐头齐尾，齐头不齐尾，对齐中央，竖文字、横文字、变化文字，将文字排成图形等方法。

七、序言

序言又称“序”“前言”“引言”，是放在著作正文之前的文字。通常用来说明作者的创作意图和写作经过。也有他人代写的，多用来介绍和评论本书内容。常见的有作者序、非作者序言和译者序三种。

（一）作者序

作者序是由作者个人撰写的序言，一般用以说明编写该书的意图、意义，说明全书的主要内容、重点及特点、读者对象、编写过程及情况、编排及体例、适用范围、对读者阅读的建议、再版书的修订情况，介绍协助编写的人员及致谢等。它的标题一般为“序言”或“序”，比较简单的作者序有时也以“前言”为标题。

（二）非作者序

非作者序言是由作者邀请知名专家或组织编写本书的单位所写的序言，内容一般为推荐作品，对作品进行实事求是的评价，介绍作者或书中内容涉及的人物和事情。它的标题为“序”或“序言”，文后署撰写人姓名。非作者序一般都排在目录及作者前言之前，如果是为丛书写的序，也排在丛书序之前。

（三）译者序

译者序一般着重说明翻译意图，有的也包括翻译过程中的某些事务性说明，一般以“译者序”为标题，内容比较简单的也可以“译者前言”或“译者的话”为标题，一般排在目录之前。

八、目录

目录是全书内容的索引和纲要，与页码同时使用，显示书籍结构层次的先后。目录一般由页码数字，篇、章、节和表示二者关系的符号组成。设计风格不限。

九、版权页

版权页一般安排在正扉页的反面，或者正文后面的空白页反面。图书版权页，是一种行业习惯称呼，是指图书中载有版权说明内容的书页。在国家标准中，它实际上是图书书名页中的主书名页背面。版权页是后台角色，包括了书名及作者、编者、评者的姓名；出版者、发行者和印刷者的名称及地点；书刊出版营业许可证的号码；开本、印张和字数；出版年月、版次、印次和印数；统一书号和定价等。

十、篇章页

又叫辑页、中扉页、隔页。有些书分为若干部分，称为编（篇）、辑或章等，从中用单页或用有颜色的纸张隔开，即排列在各部分的首页位置，即篇章页（中扉页）。它印有序数或篇章名称，可进行装饰性点缀，背面是白页。

十一、书眉与页码

书眉:通常把排在版心以外的文字、符号和图形统称为书眉。

页码:页码是标明版面顺序的序号。

书眉印在版心天头(版心上方)空白处。这些文字可以是书名、篇名、章名或刊名,目的是便于读者查阅,也是版式的一种装饰。书眉所用字号比正文字号小,字体可以变化。书眉下方或书眉后居中用一条线与正文隔开。该线称为"书眉线",其长度可与版心宽度相同,也可小于版心宽度。书眉文字过长的,可做适当删节,但全书必须一致。

页码一般排在版心下端靠近切口处,或排在版心上端或居中处。有书眉时,页码与书眉可排在同一行。

页码一般从书籍第一页开始到书末最后一页连续编号,遇到篇、章是另页排的,整面的超版口图或表,或章末的空白页则不排页码,而用暗码,即页码连续计数,但不印出。空白页所占的暗码也叫空码。页码用的字号、字体应根据书籍的性质、开本和版式确定。

十二、切口

书籍的切口是指书页裁切的边,包括"上切口""下切口""前切口"。

十三、书籍装帧

中国古代书籍并没有"装帧"一词,多用装订,即艺术设计和工艺制作的总称。清代藏书家孙庆增在《藏书纪要》中论述了装订艺术："装订书籍，不在华美饰观，而应护帙有道，款式古雅，厚薄得宜，精致端正，方为第一。"这说明了书籍装帧的原则是保护书籍完好，使阅读功能和审美要求辩证地统一起来，而绝不是单纯的装饰华丽。这一原则对于现代的书籍装帧仍然有着现实意义。

书籍装帧的设计要素有文字、图形、色彩、构图。

装帧形式：①卷轴装，是中国一种古老的装帧形式，特点是长篇卷起来后方便保存，比如隋唐时期的经卷；②经折装，是在卷轴装的形式上改进而来的，特点是一反一正地翻阅，方便了翻阅；③旋风装，是在经折装的基础上改进的，特点是像贴瓦片那样叠加纸张，也需要卷起来收存；④蝴蝶装，是将书籍页面对折后黏连在一起，像蝴蝶的翅膀一样，不用线却很牢固。

我们可以从三个方面来分析书籍装帧设计的概念。第一，从书籍装帧设计的内容上看，书籍装帧设计是指书籍的开本、装帧形式、封面、腰封、字体、版面、色彩、插图以及纸张材料、印刷、装订及工艺等各个环节的艺术设计。第二，从书籍装帧设计的类别上看，书籍装帧设计是从书籍文稿到成书出版的整个设计过程，是从书籍形式的平面化到立体化的过程，它包含了艺术思维、构思创意和技术手法的系统设计。第三，从书籍装帧设计的流程上看，书籍装帧设计是指选择纸张、封面材料，确定开本、字体、字号，设计版式，决定装订方法以及印刷和制作方法等完整的设计过程。无论从哪方面理解书籍装帧设计，其主要的构成要素是不变的。封面、扉页和插图设计是其中的三大主体设计要素，三者缺一不可，只完成封面或版式等部分设计的，只能称作封面设计或版式设计。

1.封面设计

封面设计是书籍装帧设计艺术的门面，它是通过艺术形象设计的形式来反映书籍的内容。图形、色彩和文字是封面设计的三要素。设计者就是根据书的不同性质、用途和读者对象，把这三者有机地结合起来，从而表现出书籍的丰富内涵，以传递信息为目的，并以一种美感的形式呈现给读者。

好的封面设计应该在内容的安排上要做到繁而不乱，就是要有主有次，层次分明，简而不空，意味着简单的图形中要有内容，需要增加一些细节来丰富它。例如在色彩上、印刷上、图形的有机装饰设计上多做些文章，使人看后有一种气氛、意境或格调。用封面与正文组成优秀的书籍装帧设计。

2.扉页设计

扉页是现代书籍装帧设计不断发展的需要。一本内容很好的书如果缺少扉页，就犹如白玉有瑕，会减弱其收藏价值。扉页能够提高书籍的附加价值，吸引更多的购买者。随着人类文化的不断进步，扉页设计越来越受到人们的重视。真正优秀的书籍应该仔细设计书前、书后的扉页，以满足读者的要求。

3.插图设计

插图设计是活跃书籍内容的一个重要因素，更能发挥读者的想象力，加深读者对内容的理解，并使读者获得一种艺术的享受。少儿读物更是如此，因为少儿的大脑发育不够健全，对事物缺少理性认识，较多的插图能帮助他们理解书本内容，激发他们阅读的兴趣。目前，书籍里的插图主要有美术设计师的创作稿、摄影作品和电脑设计作品等几种。摄影插图很逼真，无疑是很受欢迎，但印刷成本高，而且有的插图受条件限制，难以通过摄影达到效果，如科幻作品，这时必须靠美术设计师创作或电脑设计。

附录2 约稿信

约稿是约请特定的作者撰写某一特定内容的稿件。首先要物色到最合适的作者和采用最合适的组稿方式。约稿时要对作者持平等、热情的态度，明确组稿意图和写作要求，尽量帮助作者解决写稿中的问题和实际困难，对不同的作者采取不同的约稿方法。主要方式有：统一约稿（征稿启事、信函征稿、座谈会约稿等）、个别约稿（走访、面谈、信约、电话约稿等）。需要注意的是：不能轻率约稿，约到稿件后要尽量采用，要广交朋友，组织一支作者队伍。

约稿信模板1：

尊敬的××老师：

您好！见信身体安好！冒昧向您写信，不甚打扰，万望见谅。我是《×××》出版社的编辑。久闻您在××方面颇有研究，而我们图书最近恰好要推出一些关于××方面的专题，不久前特向您电话约稿并得到您的初步应约。在此通过此函向您表达我出版社诚挚的谢意，同时告知您关于此次稿件的一些具体事宜。

当下，随着人们的生活水平的提高，人们对丰富精神生活、提高精神境界提出更高的要求。而我出版社一直以激发读者阅读热情、领悟人生哲理为方式，来弘扬积极向上的人生态度和价值观念，净化人们心灵，构筑和谐社会。出版社已与您有多年合作，而我在大学时代就曾拜读过您的文章，您用颤动的笔端书写出激励人心的篇章，让更多的和我当时一样迷茫的人找到了人生的方向，获益匪浅。我们出版社能够和您长期合作，实在是荣幸之至。

您是我们出版社的元老级作者，所以，此次文稿中与以前相同的要求就不再一一赘述了。除原要求外，这次图书向您约稿的内容主要有三个选题，分别为×、×、×。我社初步计划文稿分三期刊发，每期为一个主题，三个主题内容相互联系、呼应，形成一个整体。每个主题的字数为3000字左右。文稿每隔一月刊发一主题，因此我们希望您能尽快完稿，并将第一主题的成稿在×月×日之前寄给我们出版社编辑部。

本次我出版社向你提供×元的稿费。以上要求如果您同意的话，请于×月×日之前回复。若有不明处，或有细节需要商榷的，我们可以继续E-mail联系，或者您直接打电话联系。最后，再次感谢您应约来稿！

万分期待此次出版社和您的合作！

编辑：××

×年×月×日

约稿信模板2：

约稿者（甲方）：

著者或译者（乙方）：

甲方邀请乙方撰写书稿（或翻译书稿），经双方协商一致，签订本合同，共同信守执行。

第一条著作稿（或译稿）名称

1. 著作稿名称：

2. 译稿名称：

本译作原著名称：

原著作者姓名及国籍：

附录3 图书营销范例

中国畅销书的营销案例，构成了改革开放四十多年书业营销最生动的历史。成气候的书业营销，开端于20世纪90年代，书业营销的风云事件、经典案例，更多集中于近15～20年的时间里。我们侧重于从在当时具有“引领性”“独创性”的营销个案中选取经典案例，试图还原书业营销的鲜活历史。虽然很多当时具有前瞻性、轰动性的营销方式，在现在已经成为平常手段，但透视这些畅销图书营销案例，仍然会给当下的书业人以思考和回味。

《时间简史》：用媒体放大“传奇”的力量。

1992年，当《时间简史》在湖南科技出版社出版的时候，首印数只有3000册。而且此前出版社有点拿不准，为了印不印、印多少，开了很多次会。但是，该书编辑通过媒体有意识放大了该书作者及其思想的“传奇”力量，让这本书在出版三年后开始畅销起来。

该书出版后，立即遇到了发行上的难题。许多出版社认为这套书太高深，没有兴趣订货。作者知名度低、内容过于艰深，是该书的弊端。然而，该书作者的经历就是一个传奇励志的故事：霍金肢体运动能力几乎全部丧失，只能斜躺在电动轮椅上，靠语言合成器写作，而且作者的优美文笔，使得该书具备了一种审美的力量，让该书成为人文气氛和理性精神交相呼应的特别文本，而不仅仅是本专业书。湖南科技出版社不断通过媒体，将这本书作者的传奇故事进行宣传，该书开始在读者中“慢热起来”，不断开始有出版社陆续添货，慢慢畅销起来。至于后来出版方邀请霍金来中国演讲而举办推广活动，那已经是该书热销之后的“锦上添花”行为了，出版方认为畅销的关键还是在于最初的“媒体放大”的慢热阶段。

“布老虎”丛书：最好的营销是品牌。

就如同饮料界的可口可乐，在文学图书中，据有关机构对“布老虎”系列产品的知识产权、商标价值等多个指标的评价，该品牌的无形资产价值已达人民币1.2亿元，成为出版业少见的“金字招牌”。

1993年，国内出现了一个以醒目的虎头图案为标志的文学畅销书品牌——布老虎。明确的识别标志和以都市爱情故事为特色的内容大大方便了读者选择，春风文艺出版社出版的“布老虎”系列，逐渐成为国内文学图书出版的知名品牌。从1998年开始，“布老虎”开始进行品牌扩张，“小布老虎丛书”“布老虎丛书·随笔系列”、《布老虎中篇小说》、“布老虎散文”“布老虎青春文学”和“小布头丛书”等相继问世，针对不同的细分读者形成特色，其中，长篇小说针对广大成年读者，散文偏重男性读者，中篇小说以细腻的情感吸引女性读者，随笔的读者为喜欢独立思考的知识分子，而“小布虎”和“小布头”则针对学龄儿童和低幼儿童，青春文学则针对青少年群体。

《未来之路》：“高额预付”抢市场。

1995年，微软缔造者比尔·盖茨撰写了一本在当时轰动一时的书——《未来之路》，北京大学出版社以当时堪称“天价”的5万美金定金，抢得该书中文版的版权，当年就发行了40万册。

早在1994年第五届北京国际图书博览会期间，北京大学出版社得知比尔·盖茨创作此书的打算后，便敏锐地意识到，该书将具有很强的技术前瞻性，因其涉及近现代社会的巨大变革，将对信息产业的发展产生直接影响。北大社立即着手同美国微软公司联系。1996年，《未来之路》中文版由北大出版社引进出版。北大出版社打破当时的出书后再付稿费的惯例，采用“国际化的版税预付”，以总码洋的10%作版税并预付5万美元订金购得《未来之路》中文简体字本的翻译出版及其在大陆的发行权。借助微软的影响力，该书旋风般地畅销于京、津、沪等全国大中城市，连续多次印刷，当年就发行了40万册。而这次版权引进本身也成了经典。

《学习的革命》：引发营销革命。

1997年，上海三联出版社引进推出了《学习的革命》，试图提供新锐的学习方法和观念，但初入市场并没有遭遇“激情”。但在1998年，科利华集团宣布滚动一个亿资金推广《学习的革命》这本书，使这本黄皮书“一不留神”成了超级畅销书。

1998年12月8日，科利华公司投放电视广告，在中央电视台黄金广告时段播出谢晋向国人推荐《学习的革命》的广告：读这本书可以帮助我们改变孩子的一生。后来，该广告又挤进了香港凤凰卫视几个收视率极高的节目广告段。同时，在全国主要城市平面媒体做了广告宣传。

当年12月12日，修订后的《学习的革命》通过各大城市的特色展览正式上市。截至晚上八点，全国各地展览会现场创造了一天销售25.1402万册的图书销售纪录。科利华把《学习的革命》全面推向市场的当天，共采取了23种发行方式，包括大型主题展览点、出版社、书商、学校、机场、车站、地铁、超市、电脑网络、热线寻呼、电话直销等，在北京、广州、上海、武汉等全国30多个城市同时举办了主题展览会，展览所引起的轰动确实令人叹为观止。

12月27日，展览活动在第一批重点城市告一段落后，又同时启动另外30个二级城市，同样取得巨大成功。《学习的革命》拥有了想象不到的辉煌，在全国几乎所有的畅销书排行榜上，《学习的革命》都连续数周名列第一。三个月后，《学习的革命》发行已突破500万册，虽然这只是科利华预定100天内售出1000万册的一半，但500万册似乎已大大出乎了人们的意料。《学习的革命》的营销对图书业具有很强的冲击力：原来图书也可以投放电视广告，原来图书也可以进行“策划的革命”。

《新概念英语》：大投入有“大产出”。

1997年《新概念英语》修订出版后，外研社为《新概念英语》等知名产品的营销，探索出“高投入、大产出”的模式。

1997年，时任外研社社长的李朋义对已在内地销售多年的《新概念英语》颇为关注，认为它有更大的市场潜力，他果断提出邀请作者专门为中国读者修订这套书。从新版《新概念英语》出版的那一年开始，外研社相继在长春、西安、济南、郑州、武汉、南京、上海、成都、长沙、南宁、广州等多个地区建立信息中心，全力进行信息收集和产品推广，为《新概念英语》的畅销起到了很大的推动作用。外研社还与培生集团联合举办“《新概念英语》课程培训”及教学研讨会，组建一支由国内外“英语超级明星”组成的专家团，为来自全国30个城市的近200位英语培训学校讲师亲自讲授了《新概念英语》，该研讨会还邀请了朗文全球教师培训师和教学方法顾问、《新概念英语》英方作者亚历山大先生的夫人朱丽亚女士、《新概念英语》中方合作主编北京外国语大学何其莘教授，以及《新概念英语（新版）课本同步讲解VCD》的主讲人侯毅凌教授等专家，就《新概念英语》所采用的交际教学法理念、教学模式设计进行了系统的介绍，并与参会教师分享了他们各自在实际教学中的所经常遇到的问题和采用的教学技巧等宝贵经验。随后投入巨资开展的高校教师培训、CCTV全国英语辩论赛等营销手段，也为《新概念英语》等品牌图书的持续热销起到关键作用。

《优化设计》:“终端营销”的力量。

1996年，教师出身的任志鸿开始策划“优化设计”系列，并于1997年由天津教育出版社开始出版，当年销售就达6万余套。1998年开始，推出针对“1+2”复习模式的备考用书，同时推出与之配套的《优化训练》和《教师用书》，由此形成了志鸿集团的拳头产品《优化设计》系列。

对于《优化设计》图书的营销，任志鸿采取了最为原始而又有效的办法：直销。早在1993年，任志鸿编写出第一本教辅的时候，就亲自给全国各地的中学教师写信推荐该书，结果当年就售出10万套。对于《优化设计》图书，任志鸿在继续给学校信函直销的同时，也逐步建立起了自己独有的全国性营销队伍及代理销售网络，志鸿公司得以直接了解和掌握当地师生在教学和考试改革中遇到的问题，经过分析归类后在新版中提出解决方案。目前，"优化设计"已经包括新版"高中总复习优化设计"系列、"高中全程复习优化设计"丛书、"高中同步测控优化设计"丛书、"初中总复习优化设计""初中同步测控优化设计"等副品牌图书。而志鸿集团的图书借助于"志鸿优化"的主品牌，形成了"优化设计""学海导航""临考突破"多系列产品阵线。

《A管理模式》："立体化"宣传是关键。

1997年9月，企业管理出版社出版了《A管理模式》一书，不到两年，该书已印刷10次，总发行超过30万册。

从经销商渠道来说，企管社和三龙公司鼓励经销商在对《A管理模式》进行销售的同时，以广告代理的身份举办大量宣传活动。企管社按出版社销售《A管理模式》一书码洋的2%，支付宣传经费。这一举措效果明显。出版社人力、物力有限，由当地出版社对书进行宣传，既节省了人力、物力，又使得《A管理模式》的宣传深入了全国每一个地区。

从媒体渠道来说，中国教育电视台（CETV、CETV-1）和全国各地方教育电视台约50多家电视台联合播映了讲授《A管理模式》培训教程及案例分析的节目。另外,《经济日报》《工人日报》等报刊还开设了每周一次的《A管理模式》专栏。

从宣讲会与大学渠道来说,自本书出版以来,作者已在全国举办了50余场讲座,收费不菲,但反应热烈。同时,企管社还与清华大学及全国各省市大学的成人教育学院建立了长期合作关系,一同设立培训中心,以《A管理模式》为基本教材,培训企管人才。企管社和承接《A管理模式》宣传活动的三龙营销咨询有限公司认为:堪称庞大的"立体化"宣传对其骄人发行成绩的取得贡献极大。

《新语文读本》:内容变靓,销量上升。

1998年,广西教育出版社出版了《新语文读本》,被当年的媒体誉为"五四以来最好的人文启蒙读本之一",创下出版当年销售码洋过千万、年均销量以60%以上的速度增长的佳绩。

《新语文读本》的初期营销策略,是以专家座谈、演讲、讲课的形式,通过理论推广带动销售。请某一位专家、某几位学者到某一个地方办一场座谈会,报告不会非常困难,难的是专家学者们不辞劳苦,几年来几乎走遍全国到各地去做一场场理念推广报告!《新语文读本》的编委们作为国内一流的专家学者,虽然各有"主业",编书只是"副业",却如对待自己的孩子一般,配合发行部门进行持续的演讲、讲课、专家座谈的"活动营销"。

更重要的是,为了让《新语文读本》持续畅销,广西教育出版社坚持不断修订营销策略,根据专家座谈、讲课的反馈信息,采取"删""换""增""改"的办法,对原有丛书12册进行全面调整，比如：增加了“保卫母语”的专题，收入语言文化的文章，体现汉语的魅力、特点的文章；增加散文、随笔、杂文单元等。此外，除全国通用版本，《新语文读本》还延伸开发出了《新语文写作》，《新语文读本》农村版，《新语文读本》广西版、山西版、陕西版等新的图书品种，使《新语文读本》成长为畅销与常销结合的品牌。

《双色笔记》：细分市场为“利器”。

《双色笔记》教辅系列是龙门书局在2000年创意策划和出版的。如何既不影响图书销量又能切实减轻学生的学习负担？基于这一问题，该书策划者便有了一个设想：代学生做出一份完整的课堂笔记，并用另一种颜色标注其重点、难点。1999年的教辅读物多采用单色印刷，四色也不鲜见，但是还没有一种是使用双色印刷的。如何使用当时尚属独创的“双色”呢？策划人员最后决定：对于课堂上的讲解重点采用红色印刷，而对于例题讲解过程中出现的一些重要提示则使用灰底黑字形式插入注解，这样就使得学生要掌握的知识点一目了然，同时省去了回读的时间，大大提高了学习效率。

2000年龙门书局推出了他们的第一种采用双色编排印刷的读物《双色笔记》，在当年的图书市场上大受欢迎。对于该丛书的营销，则和其他名牌教辅图书采取统一的策略。龙门书局广告投放力度非常大，每年都在上百万元。一是以区域市场为重点投放。通过与各地代理沟通后，着重将广告分解在各个区域，将区域市场做深、做透。比如，在中原销售区的河南，投放的媒体选定大河报、郑州晚报等。二是细分市场，区分定位。根据教师、学生、家长这些细分受众的阅读习惯不同，在投放广告时也进行了区分，比如，针对教师群体的广告投放，选择了《中国教育报》《人民教育》等；针对经销商群体的广告投放，选择《中国图书商报》等。而且在投放时间上，也进行了细分。5、6月份投放高考复习类型；7、8、9月份投放语文类、同步类等类型。

《现代汉语词典》：持续活动重促销。

商务印书馆的《现代汉语词典》作为畅销书的“常青藤”，有着稳定的畅销数量，持续不间断的品牌营销和活动营销，让该书“畅而更畅”。

商务印书馆在该词典出版30周年之际，开展了“寻访老读者”活动，25个省、自治区、直辖市的数千名老读者参与该项活动，通过抽奖，其中10人成为商务印书馆的终身荣誉读者，终身免费享有最新版本的《现代汉语词典》和《新华字典》。

每到暑期销售高峰前夕，商务印书馆各个部门组成“联合行动小组”，面向出版社销售人员举办“辞书基础知识讲座”及“辞书销售研讨会”。以2007年为例，来自全国29个城市、55家出版社和书城的工具书柜组一线销售人员与店面楼层主管共73人受邀参会。编辑部门向参会者介绍辞书的基础知识、选购理念及推荐组合方案。印务部门介绍辞书的生产流程。发行部门则介绍他们对于解决当前卖场陈列问题的思考，提出了出版社面分类、陈列的建议方案。通过与卖场人员的面对面交流，使得该社《现代汉语词典》等工具书得以在卖场实现更好的销售。

《哈佛女孩刘亦婷》:“由点带面”做宣传。

2000年,作家出版社出版的《哈佛女孩刘亦婷》成为当年风头最劲的文教类畅销书。当时,《哈佛女孩刘亦婷》的作者并不有名,刘亦婷的名字也鲜为人知。如何启动市场,是该书策划人杨葵要面对的难题。以前,作家社比较成功的促销方式有两种:一是“马语者”模式,即通过尽可能多的报刊、电台、电视台等媒体,分几个阶段,大造声势,同时迅速将图书铺满全国各大城市;二是“日子”模式,即带着作者在全国各地大搞签名售书活动,带动全国各销售网点的销售。但经分析后,这两种方式都不适用于《哈佛女孩刘亦婷》。最终杨葵采用一种当时全新的促销模式,那就是“以点带面,逐步深入”。

报纸是最有效的图书宣传媒介,作家社就把报纸作为媒体的“点”,先集中做报纸,报纸做火了,再带动电台、电视台这些“面”。

但是,全国那么多城市,在哪里的媒体先做呢?北京是文化中心,又是出版社所在地;成都是作者的居住地,刘亦婷的名字在那里又很响,所以作家社选择这两个城市作为城市的“点”,以期从这两地出发,波及全国各大城市这个“面”。即便具体到北京和成都,作家社也不分摊注意力和投入经费,集中选择两三家发行量、影响力较大的报纸作为“点”,做深、做透。“点”上的工作前后大约花了两个月时间,他们在四家报纸上轮流以整版专访的方式做宣传,结果陆续有多家报刊、电台、电视台主动找上门来询问此书的情况。从此,大约有十几个城市的报纸都连载了此书。“面”彻底被带动起来了,这本书的销售开始进入一种良性循环，截止到当年12月末，4个月的时间里就完成销售30万册。

《哈利·波特》：首先“迷倒”经销商。

2000年，人民文学出版社引进《哈利·波特》中文简体字版，虽然这本书当时在国外已火得不得了，但在国内是否能为中国读者接受，争议也很大，最终这套书成为业内少有的超级畅销书，总发行量达1000多万册。时任人民文学出版社社长的聂震宁认为：“图书批销商无异于出版人神经和血管的延伸。”为了向经销商传递《哈利·波特》“有可能火”的信息，人文社选择了几家对图书批销业比较有影响的报纸，加大宣传力度。同时，由发行业务员通过电话提醒一些重要经销商注意阅读有关报道，并决定单独为这本书办一场订货会。结果为了这本书，百忙中的经销商几乎是从全国各地同一时间飞抵北京。

在订货会上，人文社全面报告了此书的营销计划，包括后续宣传计划、首次印数、装帧设计方案等内容，既听取经销商的意见，也增强他们的合作信心。另一个最重要的议题是，要求每一个经销商、每一家订货出版社必须拿出一个完整的、书面的促销策划方案，再由人文社给予全力的配合、支持。

此次人文社请全国出版社共同参与策划促销，社店合作策划、执行，形成了经销商“全民促销”的燎原之势。后来人文社在许多城市开展的《哈利·波特》促销活动，大都是这些批发商具体操办的。

《穷爸爸，富爸爸》：高密度媒体营销。

2000年9月，《穷爸爸，富爸爸》系列图书开始被世界图书出版公司北京公司引进出版，依靠“高密度媒体营销”，把“富爸爸”系列做成百万量级畅销书。

2000年9月上旬，负责该书策划的北京读书人公司借助举办第八届北京国际图书博览会的时机，在一、二、三层展馆设立醒目的展位，展示样书，并制作两米高的纸制“大书”，用另类的色彩——紫色作为封面。

新书上市后，恰逢南京书市将要召开，北京读书人公司在新华社举办了一场大型的专门新闻发布会，邀请了全国数十家报纸、电视、网站等权威媒体以及40余位来自全国各地的政府官员、金融专家、企业家、教授参加发布会，由专业媒体、图书行业媒体和综合媒体共同进行的转载和报道逐渐扩散。短短3个星期的时间内，首版印刷的5万册图书已销售一空。

在随后的南京订货会上，读书人公司又推出第二本书，并开始对“经销商”造势，在书市上展示喷绘对联，并加大当地新闻宣传力度，通过订货会现场对读者的零售出现的轰动场面，来拉动经销商的订货。第二本书的出版不仅使“富爸爸热”持续升温，还取得了单品种一次订货81万码洋的业绩。订货会后，全国200多家知名媒体均对“富爸爸”图书进行了报道，吸引了更多的读者对此书的关注，引发一批理智型读者对此书的抢购热潮。

《谁动了我的奶酪》：强势媒体来“开路”。

2001年最为火爆的畅销书当属《谁动了我的奶酪》。有趣的是，该书在中信社出版之前，至少在五六家出版社和书商手里经过，都一致地不被看好。

《谁动了我的奶酪》的策划者认为，虽然这本书只是个简单的寓言，而且原书太薄，但《奶酪》把住了时代的脉搏——变化和应对变化，从这种角度看非常适合中国国情。于是，出版方与当时创办不久的中央电视台财经节目《对话》联系制作了一期节目，组织国内顶级CEO对此书进行了相关讨论，这无疑相当于做了一个效果非常明显而直接的广告。随后，还在《中国图书商报》等强势媒体进行连续报道。不久之后，该书掀起了企业团购的热潮。

中信出版社社长王斌认为：靠强势媒体"开路"是必要的前提，而该书内容的突破则是畅销的基础。该书寓言式的小故事通俗易懂且耐人寻味，而且2001年是变化迅速的一年，亲身经历着变化的人们不免有着各种焦虑和彷徨，以讲述如何面对变化为主题的《谁动了我的奶酪》正是应对如此病症的一服良药。另外，策划人对这本小册子式的书进行了改造，配了插图，全书彩色精装，一下子将书提升为一本经典励志读物，为此后的销售打下良好基础。

《细节决定成败》：巡回讲座是后盾。

2002年，由新华出版社出版、北京博士德文化公司策划的《细节决定成败》，成了当年的畅销书，而且该书名也成为流行至今的"口号式理念"。

该书的策划人、北京博士德公司总经理朱新月发现，很多公司的战略和规则的制定都很到位，但是一到中层、基层的执行往往会走样。于是萌发了策划全面阐释"细节"问题的管理类图书，就这样，一本以汪中求培训课程内容为主体的《细节决定成败》诞生了。

在《细节决定成败》的营销方面，朱新月认为作者本人在全国巡回讲座的配合起了很大作用，在《细节决定成败》出版之后，社会各界都对汪中求的管理理念给予了高度的关注，到目前为止，国内已经有几百家单位，包括世界知名企业、著名高校、国家机关等，先后邀请他去进行培训。于是，博士德公司工作人员和作者一道参与培训会议，发动相关单位进行集团购买。通过作者巡回演讲的推动，很多单位开始在培训课后大批量购买《细节决定成败》一书，发送给员工学习，希望通过这本书促使他们加强细节管理意识，于是本书很快登上畅销榜的榜单。

《执行》："项目管理"来运作。

2002年，机械工业出版社出版的《执行如何完成任务的学问》，被许多出版经管图书的业内人士评价：这样一本书的畅销绝对是其整个过程"执行"到位的结果。

2002年7月，《执行》的英文版刚刚问世，机械工业出版社的编辑们拿到的只是一个简装本，封面也很简单，而且在国外还没有很大影响，可以说一点都不起眼。不过他们敏感地意识到这将会是企业甚至整个社会都会大加关注的一个题材。机械工业出版社组建了5人组成的"项目管理"小组，专门负责《执行》的出版工作。营销设计、版式、文字编校、出版进度安排和封面都设置了专门的负责人。项目小组与多方面的专家一起制定整体营销策划方案，经过多次讨论，形成可执行的任务表，项目组成员人手一份，并严格按照任务表执行。在执行中非常注重时间管理和细节的操作，编辑加工、版式、营销设计等多个工作同时进行。

比如说：美编从一开始就介入图书的整体运作，考虑开本、用纸、版式乃至每页最佳字数、封面构图、用色等问题。两个字的书名，以其简洁、大气、庄重，而引领了财经图书乃至其他图书两字书名的新风潮。

《话说中国》："整合营销"破惯例。

很多人都没有想到，上海文艺出版总社出版的《话说中国》这样一部以中国历史为主题的厚重巨制，总定价近千元，单册定价60多元的高码洋丛书，会在出版前就卖出海外版权且出版后一年畅销16万册。

一般的丛书要一次出齐，《话说中国》却采用滚动出版方式，一月出一卷，15个月出完。该书借助于上海文艺出版总社旗下的《故事会》等多家媒体的宣传广告支持，很快就有了2000位读者预付书款购买整套丛书。为了让这套图书拥有更多的读者，总社把《话说中国》系列赠送给上海市部分名牌中学，得到在校师生的肯定，为该书走进中学助学读物市场开辟了新路。该书另一成功之处，是其编辑内容手法上的创新：融故事体的文本阅读、精彩细腻的图片鉴赏、丰富多彩的知识资讯于一体，经纬交织，互为表里，折射出令人神往的中国历史长卷的秀美景致。

《达·芬奇密码》："网站互动"做营销。

上海人民出版社出版的《达·芬奇密码》中文版，由上海世纪文景公司进行运作。2003年，他们拿到中文样稿后，得知

《达·芬奇密码》的故事、情节的行进十分抓人，在国内较早推出“网站互动”的营销新方式。

文景公司大力挖掘当时在中国出版行业利用并不充分的网站的宣传优势对该书进行推介。他们迅速建立了《达·芬奇密码》网站www.davincicode.com.cn。网站设计得非常独特，首页是一个游戏，也是读者与作者布朗“较量”的一个机会——读者只有赢了布朗才被许可进入站点。一年内，该书中文站点累积点击量已逾1200万次。在2004年8月的上海图书订货会上，文景公司又特别策划了一场活体雕塑展演，这是以《达·芬奇密码》中3位主要人物为原型的一场演出，现场还配合有与读者就该书话题进行的互动，成为配合网络互动的网下互动。《达·芬奇密码》很快吸引了很多网上、网下的读者，并借助网络口口相传，成为当年的畅销书。

《高效能人士的七个习惯》：蓄意引发“团购潮”。

2003年，由中国青年出版社出版的《高效能人士的七个习惯》，开始通过营销运作，有意识地引发团购销售的热潮。

负责该书发行的中青文公司为了引发该书销售的热潮，侧重进行团购的发动，为全国各大主要企业公司老总和人力资源总监免费寄送样书。他们分析：从图书市场热销的励志书来看，基本上都跨越商业和励志两个门类，而这本书属于“商业+励志”的范畴，因此更适合团购。经过广泛面向企业的宣传，最后统计：这本书的销售有约10%的比例是通过中青文公司直接联系团购实现的，而那种通过出版社进行间接团购的就更多了。大部分企业团购该书作为员工的内部培训教程。

《狼图腾》:名人推介来“助跑”。

2004年,由长江文艺出版社出版的《狼图腾》成为当年最畅销的文学图书,非常有趣的是:当该书策划人安波舜拿到这部书稿,征求同事黎波、金丽红的意见时,这两位“黄金组合”居然一致不看好这本书,碍于面子才勉强同意出版这本书。

决定出版这本书之后,出版方把读者群定位在学生、女性、企业上。所以在策划营销上,请潘石屹、张瑞敏写推荐序。为什么找张瑞敏?因为海尔在开拓国外市场的时候,就提出要有狼的精神。出版之前的三个月,出版方把50多万字的书稿准备了许多本,拿给各界(军事家、政治家、歌唱家、企业家……)去看。一个月以后,把方方面面的意见回笼、理顺,确定宣传点。

该书策划人安波舜认为:一旦卖出了前一万册《狼图腾》,以后就靠读者的口口相传。可以说,之前是营销的力量,从这时开始,就靠文本的力量了。《狼图腾》早期的“起跑”靠的是名人推介,但此后的畅销,该书“人与自然”的大主题成为决定性因素。

《于丹<论语>心得》:签售纪录创新高。

2006年,中华书局出版的《于丹<论语>心得》,创下了首印60万册的新出版纪录,随后,该书成为年度销量最多的图书。

因为出版阎崇年的书稿,中华书局和央视《百家讲坛》建立了很好的合作关系,中华书局顺利拿下《于丹<论语>心得》的书稿。为了于丹的书,中华书局专门成立了一个营销团队,这在中华书局的历史上前所未有。在《于丹<论语>心得》的销售期，建立了专门的销售小组，无论是于丹外出演讲，还是签售，中华书局都派人专程陪同。在策划案中，不但包括了如何与当地媒体、出版社沟通，甚至签售现场突发事件该如何应对都列入其中。其中，在北京中关村图书大厦的签售，打破此前图书签售纪录，创下了一天签售超过1万本的新纪录。这事件经媒体报道后，成为该书营销上一个最大亮点。中华书局还联手中国国家图书馆、中央电视台“百家讲坛”栏目组以及新浪网启动中华杯“我的《论语》心得”网络征文大赛，面向全球华人开展，将图书营销的触角扩展至全球。

案例：书店营销策划

一、策划背景

1.总体的消费态势

消费总体趋向于更加讲究经济实惠和个性消费，提升自身修养及形象。

2.出版社营销环境中的微观制约因素

（1）从店主个人角度来看，其缺乏专业的经营理念指导，个人任意性比较大，没有明确的管理和监控系统，属于清闲一派。

（2）出版社的书籍来源：书籍主要是收购大学生及其周围居民的旧书籍，成本低廉。书目鱼龙混杂，各色书籍均有。

3.市场概况

（1）市场的规模：随着文化水平的提高，人们越来越注重自身修养的提高，同时，越来越商业化的街道很难找到一处休憩心灵的场所，原来出版社的氛围适合大学生的这种精神需求，从销售角度来看，消费者市场较大。

（2）市场的构成：构成这一市场的主要经营者是周围的3家出版社，它们均属于新出版社，出版社书目主要是应对各种考试而设立的，诸如英语四六级复习题、公务员考试试题、考研复习试题等，也有一些名家大篇书籍，各种杂文散文不一而足。这些出版社基本不与出版社构成直接竞争关系，双方以互补的形式存在，但也在某种程度上存在目标消费者重合的情况。市场构成的特性：市场无季节性，长期存在，消费一般有固定时间（晚上），阅读人群较稳定。

二、策划目标

满足学生及周边市民对新知识的需求，提高出版社在学生和市民中的知名度。预计在一年内，实现在某某区消费市场以及潜在消费市场的开发和占领，并以此为基础，向周边辐射。

三、现状分析

根据调查结果有以下几点：在实地调查的100名调查者中，57%的人曾经购买过新书，也有部分人去过二手书店。在曾经购买新书的57%中有42%的顾客认为书的质量有待提高。

书店的服务不够完善。如有些书售出后，使用者发现书本缺页，而书店对此情况不愿承担相关责任。书店宣传力度不够。在调查中，我们发现有相当一部分人对正版书没有认识，更别说对书店的认识以及对新书的购买。

四、SWOT分析

1.优势

(1)新书的利润可观。

(2)客源广,主要来源于周边学校及其社区。

(3)无污染,无保质期,易于保存和收藏。

(4)出版社与学校图书馆相比,使用者可以通过订购自己喜爱的书籍,可以随时随地阅读、使用,以及重复阅读、重复使用,而图书馆的书借了之后要在规定的时间归还,或续借手续耗时多,比较麻烦。

(5)本地区人群文化程度较高,消费能力较强。

(6)本地区并没有实力较强的竞争者。

2.劣势

出版社不是位于主要的街道,不够显眼且面积规模不大,并还需要进一步的装修;书本门类多,容易杂乱,收购和整理时工作量大;常年注意防潮、放火、防虫,增加了管理的难度;质量问题难以保障。

3.机会

此区域只有出版社一家,不存在同行业竞争者;大学和社区在此集中,周围市民素质较高,便于宣传与推广,特别是拥有教师和学生这一特色群体,市场前景可观。而许多旧书上有原来读者的标示记录,特别是参考类的,这样不仅不利于减轻读者在书籍方面的阅读,而且还会打乱读者的思维,新书就不会有这烦恼。

4.威胁

很多人对新书认识不足;主要购买者是学生,不利于出版社某些门类的书籍销售,目标市场定位较单一;虽然不受新出版社的威胁,但是受二手出版社的威胁;进货的渠道不畅通,折扣低;出版社的知名度不够,从而导致机会的丧失。

五、营销策略

1.产品策略

(1)要根据出版社的目标市场的主次来制定策略。出版社在特色经营的同时注重多元化经营。出版社分为四个模块:考证类(包括书籍和资料)、文学类、杂志期刊类、其他类。出版社的主要客户是学生,特别是大学生,而大学生在校期间较注重考证,如英语四六级、会计、计算机、导游等,出版社可以根据此情况,在进书时注重选择与考证有关的书籍资料,并把此项目做成出版社特色。出版社只保留近两年的考证类,超过期限的不予订购,避免书籍的积压。对于剩下的三类,在每一年年末都要进行筛选和处理,减少库存量。

(2)产品要提高质量,对于严重影响客户阅读的问题书要加以处理,从而树立出版社的好形象,吸引购买者。

2.价格策略

定价依据是书籍的成本和利用价值。

(1)灵活定价:像资料类的就可根据资料的知名程度来确定。其他也可以依据具体情况定价。

(2)数量折扣:当客户购买达到一定数量或团购一定量的书籍时,给予一定的优惠。

(3)会员折扣:当客户购买累积达一定数量的书籍时,赠送会员卡,对会员给予终生优惠折扣。

3.渠道策略

销售渠道主要是实体店销售,附带网上销售。在人多的地方,特别像学校等地设置销售代理点,主销各类杂志、期刊,为学生提供消遣之物。

4.促销策略

增进消费者对新书的认识和提高出版社知名度是目前首要的一步。出版社可以采用发放传单、赞助活动等方式加强宣传。

六、目标市场分析

1.市场细分

做好市场细分可以更精确地分析市场推销机会,使自己处于有利的地位,发挥更好的推销效果,增加利润。

(1)需求差异性:划分不同的消费群体并对针对不同消费者的需求进行衡量,比如考研的群体、考证的群体等。

(2)可达到性:细分出来的市场应是营销活动能够涉及的,亦是通过努力能够使产品进入并对顾客施加影响的市场。一方面,有关产品的信息能够通过一定媒体顺利传递给该市场的大多数消费者;另一方面,在一定时期内有可能将产品通过一定的分销渠道运送到该市场。

(3)足量性:细分出来的市场,其容量或规模要大到足以获利。可以面向各大学校甚至是社区。

(4)行动的可能性:现有资源能确保为细分市场提供迎合

主体需要的产品或服务。出版社的目标市场人群主要是学生、喜爱淘书者、某些考证的社区人员。

2. 市场定位

(1)利益定位为“服务第一”,充分满足消费者的需求与爱好,把握消费者的购买心理,带给消费者便利与愉悦。

(2)价格与质量定位结合价格与质量,定位为“物美价廉”。货物超值,服务一流。

七、策划的经费预算

经费预算分为两部分:书籍投资成本和促销宣传的成本。书籍投资成本这块较为复杂,涉及不同种类的书的不同订购方式,所以整体预算应为2万～3万。销售不出去的还可以变卖回成本,所以利润是有的。关键在于怎么扩大销量。这就涉及促销成本。促销成本两千到三千即可,包括传单的印制和人员工资。

八、应急预案

各种危机处理预案:①出现严重质量事故应当及时查明原因并对消费者做出解释以及道歉,切不可推卸责任;②顾客投诉,应虚心接受顾客的意见并及时做出改进以求得更大程度的发展;③货物供应不足或不准,应及时说明原因并尽最大能力解决该问题以树立良好的形象;④发现假货,及时为消费者更换并致歉,加强书的检查,避免此类事故再次发生。

九、检查及评估

对比每月的销售量和来店的人数,来评估客户对出版社的认知度。后期再采取问卷调查的方法来评估。

在这个日益浮躁的社会，书业本该很红火，但却因网络的飞速发展、阅读方式的改变，实体出版社的存在受到严峻的挑战，实体出版社的数量也在不断减少。实体出版社的减少中也存在转机，比如结合新媒体形式的新式复合型出版社。

附录4 新书预告的样式

××××年××月新增图书书目			
序号	题名	责任者	出版者
1	×××××	×××著	×××出版社
2	×××××	×××著	×××出版社
3	×××××	×××著	×××出版社

参考文献

[1]班运华.浅议当代图书出版中的"急稿"现象——以法律类图书出版为视角[J].法制与社会,2013(18):180+182.

[2]贺畅.探析编辑在图书出版中的作用[J].出版参考,2013(31):26.

[3]校对的基本方法[J].新疆地方志,2008(04):48.

[4]任悦,曾璜.图片编辑手册[M].北京:中国摄影出版社,2015.

[5]王蕾.编辑在图书宣传中的作用[J].中国编辑,2005(5):69-70.

[6]曾艳.责任编辑的五个意识[J].出版参考,2005(12):34.

[7]中南地区大学版协发行委员会编.图书营销理论与实务[M].长沙:湖南大学出版社,2010.

[8]朱同芳."经国大业"的参与者"不朽盛事"的缔造者——浅谈当代图书编辑的素养[J].中国出版,2012(09):56-58.